エネルギーを整える。

カイロプラクター・ライフエネルギーコーチ
三上隆之
Takayuki Mikami

実業之日本社

エネルギーを整える。　目次

はじめに

数ある本の中から本書を手にしていただき、ありがとうございます。

私は京都でカイロプラクティックオフィスを開設し、カイロプラクターとして30年間活動してきました。その本業に加えて、私がライフワークにしているのが、**「人のエネルギーを高めること」**です。

開業当初は腰痛や関節痛、頭痛などの症状を訴える方に対して、カイロプラクティックという手技だけで対応してきました。しかし、同じ手技を施して整えても、維持できる人と維持できない人がいるのはなぜか――。

その疑問を追求していく中で分かってきたのは、不調とはその箇所の問題だけでなく、**「目に見える身体（全体）」と「目に見えない心（メンタル）」の状態が大きく影響しているる**ということでした。

そうした経験から15年目にして、「ライフエネルギーコーチング」（Life Energy Coaching→以下LEC）を開発しました。これは、カイロプラクティック学、オステオパシー学（※1）、心理学、筋反射学（※2）などを組み合わせ、独自に体系化した心と身体をつなぐ個人セッションです。

このセッションを受けていただくことにより、骨格や筋肉へのアプローチだけでなく、内臓や自律神経へのアプローチ、不調の背景にあるメンタルや食生活の改善までをもサポートできるようになりました。それによって、その人の中に眠っているエネルギーを引き出せるだけでなく、さらに高めることが可能になったのです。

私のセッションは、すべて口コミだけで広がってきました。それにも関わらず、ベストセラー作家から、経営者、アスリート、医療従事者、会社員、学生、主婦など幅広い層の方々が通ってくださっています。

２０２２年で施術の道に入って30年、のべ10万回を超えるセッションを行ってきました。当初は冒頭にあるような痛みのある方、病気を抱える方の来院が大半でしたが、現在はどこにも病気や痛みを抱えていないクライアントさんがほとんどです。

なぜかと言うと、その人の持つエネルギーを高めることで、健康になっていくのはもちろんのこと、仕事もうまくいくなど、結果、幸せになっていく方々が圧倒的に多いからだと思っています。

この本の中では、そうしたエッセンスをお伝えしていきます。

ここで私自身のことを少しお話しさせてください。私がエネルギーの存在に気づくきっかけになったのは、幼少期から続いていた重度のアトピーを克服したことでした。西洋医学に見放され、何をやっても治らなかったアトピーが、心を変え、考え方を変え、生き方を変えたことで、自分自身でも驚くほど快方に向かって行ったのです。

このときはまだ「エネルギー」の存在を明確に意識したわけではありません。しかし、自分の中にある「生きる力」を活性化することで、人生がこんなにも変わるのかと、ある種、震えるような感動を覚えました。

これは私だけの特殊な体験でしょうか？　いいえ、そうではありません。

あなたのエネルギーを動かすために必要なメッセージも、あらゆるところから発信されています。それは、自身の身体や心が発するものだけではありません。自分の外側にある世界中から、それも目に見えるものから見えないものまで、すべてのところから発信されているのです。

そのメッセージを受け取るかどうかは、あなた次第。

メッセージを受け取ることにより、自身の心と身体のエネルギーを整えていくことで、人生の歯車は必ず良い方向に動き出していくのです。

実際に私のセッションを受けることで、人生が好転したと喜んでくださるクライアントさんの姿を、何度も目の当たりにしてきました。その都度、私も喜びと感動を実感するなかで確信を得たのが、まさにこの本のコンセプトとなる、

「エネルギーを整えると人生はすべてうまくいく」

ということです。

これまでのクライアントさんでは、心と身体のエネルギーが整い、高まっていく中で次のような変化が見られました。

・なかなか改善しなかった病気や痛みが、医学上の検査では分からない原因に気づくことで、驚くほどのスピードで改善した
・自宅やオフィスの空間エネルギーのマイナスに気づき、愛情込めて掃除や整理整頓す

ることでプラスに変えると、体調がみるみる改善し、お金の流れも良くなった
・本当にやりたいことが明確になって、仕事を辞める決心がつき、夢の実現へ向けて動き出した
・同じ仕事をしていても以前より楽しさややりがいを感じられるようになり、成果が上がって売上にも貢献。同時に周囲への影響力が増し、収入がアップした
・ものの見方や受けとり方が変わり、家族や職場の人間関係での悩みやトラブルが嘘のように少なくなった
・仕事の活動範囲が広がり、国内だけでなく海外へも展開したり、自分が望む仕事が相手からどんどん依頼されるようになった
・目に見えない存在に対して以前は抵抗があったが、身体を通じてその存在と影響に気づき、意識を向けたり大切にするようになってから、〝運がいい〟と思えることが増えた etc……

にわかには信じられない方もいらっしゃるとは思いますが、これは私が目の当たりにしたごく一部の真実です。

こうした数々の事例から思うのは、

「エネルギーこそ人生を動かし、可能性を広げてくれる『魔法のエンジン』」

ということです。

車はエンジンの性能次第で、スピードも走行距離も変わります。同じように、どんなエネルギーの状態で生きるのかによって、私たちの人生の長さも、濃度も、豊かさも変わってしまうのです。

ただ、車のエンジンは使えば使うほど劣化していきますが、私たちのエネルギーはいくつになっても高めることができ、そこに限界はありません。

本書では「自分でできるエネルギー調整法」をはじめ、私が30年かかって確立したエネルギーコーチングの根幹をしっかりと書かせていただきました。30年を経て「すべてはエネルギーでつながっていること」を確信し、皆さんにこの本を手に取っていただけることをとても光栄に思っています。

ぜひ本書でエネルギーを整え、高める方法を知り、実践してください。

そして、あなた自身に「自分史上最強で最高のエンジン」を搭載し、人生の可能性を広げる旅へ共に出発しましょう。

カイロプラクター
ライフエネルギーコーチ
三上　隆之

※1　オステオパシー学とは？
身体を部分ではなく一つのつながりで捉える考え方

※2　筋反射学とは？
身体の状態やサプリメントの相性を筋肉の反射反応（強い、弱い）で判断する考え方

序章

この世界はエネルギーでできている

●人はあらゆるエネルギーの影響を受けている

エネルギーという言葉を聞いてあなたは何を連想しますか?

今メディアで話題になっている「SDGs」の再生可能エネルギーや、原子力や石油などの資源エネルギーのことでしょうか。

生きとし生けるものから物質に至るまで、すべての存在はエネルギーを宿しており、私たちが生きる地球、さらには宇宙全体も大きなエネルギーの集合体です。だから、**もちろん私たち人間もエネルギーの集合体であり、生命力そのものがエネルギーなのです。**

そうしたエネルギーは私たちの目には見えません。しかし、元気な人を見れば「あの人はエネルギッシュだな」と思ったり、自分自身がひどく疲れているときは「もうエネルギー切れだ」と感じたりした経験は、誰にでもあるのではないでしょうか。

目に見えなくとも私たちは誰しもエネルギーが自分の中に(もちろん自分以外の人にも)存在していることを感覚的・体験的に知っているのです。

すべての存在にエネルギーが宿るとすると、私たちは常にエネルギーに囲まれて生きていることになります。

今あなたのいる空間、身に着けている衣類や装飾品、隣で仕事をしている人、ついさっき届いたメールの内容……、目に見えないため意識できないかもしれませんが、実はそのすべてのエネルギーから私たちは何かしらの影響を受けているのです。

例えば、家に帰り、パジャマやスエットを着るとゆったりとした気持ちになる一方で、朝を迎えてスーツや仕事着に着替えるとシャキッとした気持ちになります。

あるいは、高級ホテルの一室のような整然とした空間では、モノを乱雑に置けない気持ちになるし、散らかったテーブルの上には、平気でさらにいろいろなモノを置いてしまったりします。

私たちは自らの意思で動いていると思っています。もちろん意思の力も大きいのですが、決してそれだけではなく、**身の回りのあらゆる人やモノからエネルギーの影響を受けながら生きているのです。**

●自分のエネルギーを整える第一歩とは

エネルギーは、それ自体が周囲のエネルギーから影響を受けるだけでなく、同じように周囲に影響を与えています。あなた自身が出しているエネルギー、あなたがまとう空気感が、周囲の空間や衣類、装飾品、一緒にいる人etc……へと様々な形で影響を与えているのです。

ここで、ひとりのクライアントさんの事例を紹介しましょう。女性のクライアントOさんは、ある日のセッション時に、ここ最近、首から肩にかけてコリやハリがきつくて悩んでいるとおっしゃっていました。

そこで、筋肉反射テスト（第2章で説明します）を使って原因をチェックしたところ、着けていたネックレスにマイナス反応が出ました。そして、そのマイナス反応の背景を調べてみると、〝扱い方〟に反応したのです。

つまり、大切に扱っていない愛情不足から、ネックレスのエネルギーがダウンしているというわけです。

Oさんも思い当たるところがあったため、その場でネックレスを両手で包み込み、愛と感謝の想いを込められました。そして再度チェックすると、ネックレスはなんとプラス反応に。Oさんが感じていた首や肩のコリも嘘のように軽くなったことを実感されました。

この事例からも分かるように、私たちはあらゆるモノからエネルギーの影響を受け、かつ、あらゆるモノにエネルギーの影響を与えています。そのやり取りは目に見えませんが、結果は〝メッセージ〟として現れてくるのです。

Oさんの場合は、首や肩の不快な症状でした。これは、自身の身体から、つまり自分の内側からのメッセージです。

しかし、その不快な症状は、ネックレスからの「もっと大切に扱ってほしい」というメッセージの表れだったのです。これが外側からのメッセージです。

「本当にそんなことがあるの？」と不思議に思う方が多いかもしれません。

しかし、この内側・外側両方からのメッセージの送受信がうまくいくことが、エネルギーを整える第一歩となるのです。

これはラジオの仕組みに例えるとイメージしやすいでしょう。ラジオは各局からいろいろな周波数の電波が送信されており、周波数が一致すると受信して、その番組を聴くことができます。これがエネルギーでいえば、メッセージの送受信がうまくいった状態で、心身の調和がとれています。

逆に周波数が一致しないと、受信できずに番組が聴けないだけでなく、「ザァー、ザァー」というノイズ音が聞こえます。エネルギーでいえば、このラジオのノイズ音こそが不調の表れということになります。メッセージの送受信と心身の関わりについては第1章以降、様々な事例を通して詳しくご紹介していきますが、まずは、このことを知っていただきたいと思います。

それは、私たちが心身の不調として感じる内側からのメッセージの裏には、外側からのいろいろなメッセージの影響があるということ（もちろん身体の不調が、事故やケガなどからくる単なる痛みだけの場合もあります）。

私たちと私たちを取り巻くすべての存在のエネルギーは、呼応し（響き）合って、私たちにいろいろなメッセージを送っている――。

それに気づくことが、自分のエネルギーを整える第一歩となるのです。

●あなたの元気の源、ライフエネルギーとは？

あなたの周りにも、元気で人生を楽しく生きている人と、何となくいつもどこか具合が悪くて元気がなく、不調を抱えがちな人がいませんか？

その違いは何だと思いますか？

私は長年、たくさんのクライアントさんの様々なケースに触れてきました。そうした経験から、その違いは人の持つ「エネルギー」にあることに着目しました。

エネルギーというより、オーラといったほうがイメージしやすいかもしれません。よく「オーラ」とか「気」と呼ばれるものがありますが、これは内側のエネルギーの状態が、外側に表れているものです。内側のエネルギーが元気な人は、外側にもその元気なエネルギーが自然に出るのです。

私は、この人の持つ内側の力を「ライフエネルギー」と呼んでいます。

「ライフエネルギー」の「ライフ」という言葉には、２つの意味があることをご存じでしょうか？　それは、**「生命」と「人生」**です。これは、健康と人生は切っても切り離せない、ということの表れではないかと思っています。

ライフエネルギーとは、元気の源となる力であり、生きる力、生命力そのものです。

私たちが産声を上げてこの世に生まれ落ちたとき、体内にはライフエネルギーが満ちています。パーセンテージでいえば１００％、満タンの状態です。この１００％というのは、その人が持っているポテンシャルに対して、その何％を発揮できているかという尺度で見たときの数値です。

しかし……。残念なことに多くの場合、成長するにしたがってライフエネルギーのパーセンテージは減っていってしまいます。

生きている中で、いつの間にかエネルギーを十分に発揮できずに、心身の不調に苦しんだり、不調とまではいかなくとも、心にモヤモヤを抱えてマイナスに考えたり……。または、若いときに比べて仕事や人生に対して情熱が湧かない、やる気が出ないとなったり、何かやって失敗するよりは現状維持のままでいいとなったりetc……。

エネルギーがみなぎっているとはいえない人生を歩んでいる方がたくさんいらっしゃい

ます。

なぜ人は成長するにつれ、ライフエネルギーが低下してしまうのでしょうか。

一つには、**「人の目を気にする」ようになるからです。**

自然体で生きていた赤ちゃんが成長するにつれ、これをするとお母さんが喜ぶ、これをやるとお母さんが怒る、という経験値ができていきます。そこに、お父さんが加わり、おじいちゃん・おばあちゃんが加わり、学校の先生が加わり、今度は「みんなと一緒かどうか」ということが気になるようになります。こうして言動の基準が「自分」から「他人」へと変わっていくことで、エネルギーに蓋をしたような状態になってしまいます。

次に、**人間は生きていれば「失敗」することがあるからです。**

幼少期は大人に怒られた、大事なものを壊した、ちょっとした無茶をしてケガをしてしまったというような「失敗」だったかもしれません。しかし大人になると、受験に失敗した、希望の職に就けなかった、離婚したetc……、人生を左右するような挫折も経験するでしょう。もちろん、その挫折をバネにして飛躍する人もいますが、多くの人は心に大きなダメージを受けてしまいます。

こうして「他人基準」になることや失敗を恐れるといった経験が、次第にその人の「生き方」を形づくり、結果、〝自分らしさ〟を失くしたり、忘れていったりするのです。

あなたのライフエネルギーに大きな影響を与えるのは、
・これらの「生き方」
・睡眠や食生活、運動などの「生活習慣」
・住まいや仕事場などの「生活環境」
の3要素です。

逆に、この3つの要素を見ることで、現在のあなたのライフエネルギーのおおよその数値が分かると言っていいでしょう。

●単なる健康ではなく、100％エネルギッシュな自分を目指そう！

私は30年におよぶ施術人生の中で、目の前にいる方のライフエネルギーの量を測定する独自の手法を確立しました。その手法でクライアントさんが心身のケアをしに来られるたび、測定させていただいています。

初めて来られたクライアントさんは、ほとんどの場合、ライフエネルギー40～50％と低い数値を示します。

しかし、自分の内なるエネルギーのメッセージと外側からのエネルギーのメッセージに耳を傾け、しっかりと受け取り、「生活習慣」や「生活環境」を変え、「生き方」そのものを変えていくことでライフエネルギーは再び上がっていくのです。

ちなみに、『ユダヤ人大富豪の教え』など数々のベストセラーを出されている作家の本田健さんも、私のクライアントのお一人です。初めてライフエネルギーの数値を測らせてもらったとき、健さんは50％以下でした。それを受けて、さすが前向きな健さんから出た一言は、**「まだまだポテンシャルがあるということですね」**。

それから10年以上私のセッションを継続して受けてくださり、ご自身でもエネルギーを整え、高める生活を意識されてきました。今では計測するたびに、ライフエネルギーの平均値が95％以上という素晴らしい結果が出ています。

このレベルは、人生の中でいつも楽しみを見出し、どんな出来事に出合ってもすべてプラスの意味で受け止めることができ、自らの持てる力を世の中のために貢献したいと思える高さです。まさに今の健さんの「生き方」そのものです。

エネルギーを整え、高める方法を知れば、単なる健康ではなく、すべての人が持って生まれた１００％のエネルギッシュな状態をつくることができる――。私はそう信じています。その想いが本書を書く原動力にもなっています。


また、この本は身体や心に悩みがある方だけでなく、基本的に健康であっても、さらにエネルギーを高めて、人生をより充実させたい方のためにも執筆しました。

あなたの人生に、あなたの周りに、このような光景を見かけたことはありませんか？
・健康だけれど元気のない人／病気なのに元気に見える人

・いつも笑顔でたくさんの人に囲まれている人／いつも寂しそうにひとりでいる人
・いつも楽しくイキイキ仕事をしている人／いつもイライラしたり、つまらなさそうに仕事をしている人
・いつも繁盛しているお店／そうではないお店
・運の良さそうな人／運の悪そうな人

これらはすべてエネルギーの違いで決まるのです。


エネルギーを整えていくことで状況が好転したり、変わっていく人や光景を何度も目の当たりにしてきました。

あなたも自身のエネルギーを整えることで、あなたがまだ気づいていない人生の可能性を最大限に引き出すことができるはずです。私はそれを信じて疑いません。

さあ、ここから新しい人生の幕開けです。

第1章

健康とエネルギー

●エネルギーから見る健康とは？

皆さんのこれまでの人生を振り返ってみてください。充実していると感じたり、エネルギーがみなぎっていると感じたときは、身体も健康だったはずです。

例えば少し具合が悪くても、その日に楽しい予定があったり旅行に出かけたりしたら、夜には風邪が治っていた、なんていう経験はありませんか？

それは気、すなわちエネルギーが充実していたということです。

これは簡単に言うと、皆さんの気持ちがワクワクして楽しくなっているときは、気が充実している、気の流れが良くなっている――、つまり、エネルギーが高い状態にあるということです。

逆に、気持ちが乗らないのに責任や義務感だけで行おうとすると、やる気が低下する、気の流れが滞ってしまうといった、エネルギーの低い状態になります。

このようにエネルギーは、あなたの中に存在し、あなたの健康に影響を与えています。

さらにエネルギーは、身に着けているものから飲むもの・食べるもの、住んでいる空間や仕事をしている空間、そして、人間関係から運という目に見えないものにまで存在し、すべてのエネルギーが互いに影響しあっています。

健康度合いをエネルギーという視点から見ると、あらゆるエネルギーがスムーズに流れて循環している状態が健康であり、どこかに滞りがあったり、うまく循環していない状態は気が病んだ状態、つまり病気ということになります。

この章では、健康に大きな影響を与えている人の内側にあるエネルギー「ライフエネルギー」についても交えながら、「健康とエネルギー」についてお話ししていきましょう。

●健康だけど100%快調ではないあなたへ

健康診断でひとつふたつチェックされるところはあっても、基本は異常なしという結果を一般的には「健康」といいます。しかし、そうした結果が出たにも関わらず、朝なかなか起きられない、疲れやすい、昼間に眠たくなる、集中力が続かないといったことがありませんか？　うなずく方が多いのではないでしょうか？

その謎の答えは、病院で診断されるような病気ではないが、エネルギーが充実していないということです。

では、エネルギーが充実している状態がどうかというと、学生の頃に部活や好きなことに打ち込んだり、プロジェクトリーダーとして仕事に没頭したりし、ハードな毎日を過ごしていたのに、それでも体調が良かった、快調だったという経験があるはずです。それが、私がＬＥＣで言うところの「ライフエネルギーが高い」状態なのです。

しかし、セッションに来られた方に、筋肉反射テストを使ってエネルギーレベルをチェックすると、残念ながら初回はほとんどの方が40％前後で、良くても70％前後。

セッションを重ね、その数値が上がるに従って、朝が起きやすくなった、疲れにくくなった、ストレスが軽減した、短時間の睡眠でも平気になったetc……という変化を実感されるのです。

それは、その方のライフエネルギーが１００％に近づいているからに他なりません。

多くの方は病気とは診断されないけれど、１００％健康かと言われると、どこか快調ではないという状態ではないでしょうか。私のオフィスには、このようなクライアントさんがたくさん来られます。

もし、あなたも同じような状態だとしたら、そんな自分をどう受け止め、どう向き合うか――それによって、未来の健康度合いが大きく変わってくるのです。

ライフエネルギーポイント

健康とは、病気があるかないかではなく、エネルギーの充実度のこと

●変わってしまった健康の常識

昔は、年齢と病気を比例して見ることができました。しかし、最近では年齢に関係なく、20～30代でもがんになる人、逆に高齢でも病気がなく元気でいる人が多く見られるようになりました。まだ今の医学では解明されていませんが、医学的な数値で見ると同レベルの健康状態にある人でも、ハツラツとしている人もいれば、しんどそうにしている人もいます。こうした差は何かというと、それこそ個々人が持つエネルギーの違いなのです。

よく若い人ががんを患うと進行が速いといわれますが、これをエネルギーの視点で捉えると、若い人のエネルギーにはキレ（瞬発力）がある、ということです。

つまり、一度、免疫力が下がる（ライフエネルギーが下がる）と、悪化への進行が加速しやすいのですが、逆に、免疫力が上がる（ライフエネルギーが上がる）方向に動き出すと、今度は改善への進行が加速する側面もあるのです。

若い人は、ポジティブとネガティブのどちらにも、エネルギーのキレ味が良いということです。

同じ病気と診断されても、その人のエネルギーの状態の違いで、重症度が変わったり、予後の経過に大きな差が現れたりします。

よく「病は気から」といわれますが、まさにその通りなのです。

それは朝起きた瞬間から分かります。

朝、目が覚めても「起きたくない」「出かけたくない」と思いながら、人生を過ごすのか。起きた瞬間から、その日1日が楽しみでワクワクし、充実感に満ちあふれた人生を過ごすのか——。これは、すべてあなたの気、エネルギーの力によって決まるのです。

ライフエネルギーポイント

同じ健康レベルでも、エネルギー状態の違いで、ハツラツ度が変わってくる

●身体や心が本当に気づいてほしいこと

あなたは病気になったり、身体や心に不快な症状を感じたりしたとき、どんな気持ちになりますか？

降って湧いた不幸、つらい、嫌だ、恐い、悲しい、運が悪い、負けたくない等々、ネガティブな感情がたくさん湧いてくるのではないでしょうか。

そして一刻も早くこの不幸な状態を脱け出し、つらさを取り除きたい、消したい、そんな気持ちになるのではないかと思います。

でも、ちょっと考えてみてください。本当にそれでいいのでしょうか？

例えば、皆さんの家にあるガス漏れ警報器を想像してください。警報器がとても大きな音量で鳴り出したとき、皆さんはどう反応するでしょう。

音が不快だ、うるさい、早く消してしまおう、などと思いますか？　音が聞こえないように耳を塞ぎますか？　誰もそんなことはしませんよね。

「大変だ！　ガス漏れだ！　早く対処しないといけないぞ！」と、血相を変えてスピーディーに行動するはずです。そして、素早く対処できたとき、あなたは警報器に対して、「知らせてくれてありがとう。おかげで大惨事にならず、未然に防ぐことができたよ」という感謝の気持ちを持つのではないでしょうか。


この警報器とガス漏れの関係を、私たち自身に置き換えると、
・警報器→身体や心に現れる不快な症状
・ガス漏れ→生き方、生活習慣、生活環境の問題点
となります。

つまり、**病気や痛みは、その人自身の生き方、生活習慣、生活環境などに問題があったとき、警告として起こってくるものなのです。**

「あなたは今、何かを立ち止まって見直す必要がありますよ」

「このまま続けると、取り返しのつかない大きな病気（生命に関わる病気）になりますよ」ということを、身体や心が不快な症状やトラブルというサインを使って教えてくれているのです。

私たちは何か不調があると、目先のつらさに捉われて、そのつらさから解放されることだけに注意を向けがちです。しかし、不快な症状があったら、それを警報器として捉えることで、あなたの視点や発想が転換されるのです。

エアコンの例で言えば、悪臭が出たからといって、消臭剤を吹きかけるだけでは、一時の安心にしかなりません。しかし「悪臭がするのは、フィルターの汚れがひどいというメッセージ」と受け取ることで、フィルター掃除にも取り組むという、真の問題解決につながるのです。

私たちの身体や心に現れる不快な症状やトラブルも同じです。今の生き方や生活習慣、生活環境において、「何かを見直したり、気づいたりする必要があるよ」と一生懸命知らせてくれているのです。

まずは、それに気づくこと、しっかり受け止めること。

そうしたあなたの心の変容が、なかなか解決しない不調の改善に必要なライフエネルギーの原石となるのです。

ライフ
エネルギー
ポイント

不快な症状は、身体や心からの愛のメッセージ

●身体や心が教えてくれる2つのメッセージとは？

身体や心からのメッセージは、大きく分けて2つ存在します。

・1つ目は、身体や心そのものが発して伝える「直接メッセージ」

・2つ目は、その背景に存在する、身体や心を媒介して伝える「間接メッセージ」です。

まず、**直接メッセージが身体や心に不快な症状となって現れます。** 頻度の高いものは次の通りです。

【身体に関して】

疲れやすい・疲れがとれない、風邪をひきやすい、頭が痛い・重い、髪の毛が抜けやすい、寝つきが悪い・眠りが浅い・目覚めが悪い、目が疲れやすい、口内炎がよくできる、首や肩が張る・凝る・痛みがある、食欲が出ない、お腹が張る・重い、便秘・下痢が多い、背中や腰が痛む・張る、手足がむくみやすい、各内臓疾患、原因不明の病気　など

【心に関して】

無気力、気力低下、イライラしやすい、不安や心配ごと・不満が多い、つまらないことが多いと感じる、心から笑えない、未来より過去に意識がいく、マイナス思考になりやすい、夢や目標が描きにくい、気持ちの切り換えがしにくい　など

ほとんどの方が、こうした複数のメッセージを身体や心から受け取った経験があるのではないでしょうか。

次に間接メッセージについてご説明しましょう。

間接メッセージは、直接メッセージの背景にある「身体や心が真に受け取ってほしい、気づいてほしいこと」です。

つまり、本当に伝えたいメッセージを身体や心の不調として、私たちに知らせているということになります。一例を挙げれば、胃が痛いと感じている本当の原因は「人間関係のストレスだった」という場合です。

ここでは、そうした間接メッセージが知らせる真の原因の主なものをご紹介しましょう。

◆心のストレス
◆過労&リフレッシュ不足
◆栄養の過不足
◆環境汚染（水・空気・食材毒素 etc.……）
◆骨格の歪み（外傷、不良姿勢による）

◆運動の過不足
◆空間エネルギー（自宅、オフィスの空間エネルギーの低下）

間接メッセージの柱となるものにはこれだけの数がありますが、私がコーチングセッションで使っているオリジナルチャートでは、これらの柱の一つひとつにさらに細かい分類があります。

このように身体や心からのメッセージは2種類存在し、先ほどのガス漏れ警報器で例えると、

・直接メッセージ　→　警報器の作動
・間接メッセージ　→　ガス漏れ

となります。

いずれの場合も、健康に関わる内側のエネルギーであるライフエネルギーが低下しているというサインなのです。

もし、身体や心に不快症状や不快感情といった直接メッセージが現れたら、ぜひ、その背景にある間接メッセージ（生活習慣・生活環境・生き方の見直し）に思いを馳せてみてく

ださい。

そして、これは「ライフエネルギーの低下を知らせる重要なサインだ」と、受け止めてください。

ライフエネルギーポイント

メッセージを受け取った瞬間からエネルギーは動き出す

●未来の不幸宣告を受けた日

「はじめに」で少し触れたように、私は幼少の頃からひどいアトピー性皮膚炎に悩まされていました。症状は高校生になっても変わりません。医師からは、「普通はこのぐらいの年齢になれば、自然に体質が改善するケースが多いのに、今もこの状態だとすると完治は難しいでしょう。副作用を覚悟して、ステロイドを使い続けていくよりほかない」と言われました。さらに追い打ちをかけるように、こう告げられたのです。

「あなたのアトピー性皮膚炎は、お母さんからの遺伝の影響が大きい。将来あなたの子どもも同じ体質で生まれてくる可能性が高い」

それは「未来の不幸の宣告」そのものでした。同時に私の中に「自分がアトピーで苦しんでいるのは母親のせいだ」という被害者意識が深く刻まれました。

当時は毎晩のように寝ている間に掻きむしってしまい、朝起きたときにはパジャマとシーツが血のシミだらけ。皮膚は硬化してひび割れてしまうので、そのままではうまく着替えができません。全身にオイルを付けてから、ようやく着替えです。そもそも夜ぐっすり眠れていないこともあり、1時間目から登校できる日がだんだん減っていきました。アトピーのつらさから解放されたい一心で、「もう死んだほうがマシだ」という考えが頭によぎるほどの地獄のような日々……。

母もまた、医師の一言を受けて「自分のせいで」という想いがあったのでしょう。漢方薬、健康食品、スキンクリーム&ローション、温泉療法にいたるまで、当時、改善の可能性があるという情報を得ては何でも入手して試してくれました。しかし、多少改善したかと思っては、また悪化するの繰り返し。

それでもまた新しいものや情報を持ってくる母親に対して、「どうせ何をやっても治らないから、もういい加減にしてくれ」「こんな身体に産みやがって!!」と、暴言を吐く毎日でした。

●人生のパラダイムシフト

それでも母はあきらめませんでした。

ある日、心理学のセミナーに参加しようと言い出し、私は半ば強制連行に近いかたちで福井県まで連れて行かれました。そこには全国から私と同じように、難病や原因不明の病を抱えた人たちが集まってきていました。

1泊2日のスケジュールで、1日目はプラス思考とマイナス思考に関する講義と、間違った思い込みと決めつけがいかに人生の可能性を狭めているかを学ぶワーク。2日目は、参加している受講生ひとりひとりに対する個人セッションでした。

そのセッションで開口一番、講師から放たれた言葉は――。

「おまえ、いつまで甘えてるんじゃ‼」

全く想像していなかった驚くべき言葉でした。この病気になって「かわいそうに」と同情されることはあっても、怒られることはなかったからです。続けて、

「おまえがこのまま変わらず、おまえの子どもができたとき、子どもが同じ病気になったらどうする？　子どもから今おまえがお母さんに言っていることと同じことを言われたら、どんな思いをする？　想像してみろ！」

「……すごくいやです」

感じたままの言葉が私の口からこぼれ落ちました。すると、講師はこう続けたのです。

「だったら、〝自分がこの流れを変える役割を持って生まれてきたんだ〟〝自分の代でこの流れを変えてやる！〟　それぐらいの使命感を持って、本気で治してみろ！」

この一言が私の心にまっすぐ突き刺さりました。

それまで治りたいと思っていた一方で、意識の深層では、自分が病気の状態だと母親が優しくしてくれるし甘えられる、病気のせいにすればやらなくていいことがたくさんある。「自分で治そう」ではなく、「人に治してもらおう」という意識があったetc……。実

は、自分自身が病気を言い訳にしていたことにも気づかされました。

大きなパラダイムシフトを実感した瞬間でした。

●小我を捨て、大我に生きる

この体験から半年間で、私のアトピーは信じられない勢いで一気に回復に向かいました。やること成すこと何もかもが、どんどん改善につながっていくのです。今まで試行錯誤しても良悪を繰り返すだけだったのに、この変化は一体……。

この一連のプロセスで変わったことは何でしょうか？　そう、私の心です。具体的に言えば、「自分がつらい状況なのは、すべて母親のせい」という思いを捨て、病気に対する被害者意識から脱け出せたことでした。

「小我を捨てて大我に生きる」という言葉があります。お釈迦様の言葉だそうですが、仮に私のアトピーが遺伝によるものだとして、将来、自分の子どもに同じようなつらさを味わわせたくないという思い（大我）を持つことができました。

それによって、病気を母親のせいにする気持ち、そこから生まれていた被害者意識や甘え（小我）を手放し、**「自分のために、自分の子どものために、必ず自分の代で流れを変えてみせる」**という心の柱が立てられたのです。

後に施術の道に進んで分かったことですが、甘えや被害者意識を払拭することで、それまで治らなかった病気が改善するケースは実によくあることです。

私は自分の現状を受け入れて、自分のために、子どものために、そしてこれまで尽くしてくれた母親のために「自分を変えるんだ」という柱を心に立てられたときに、エネルギーの転換が起きて、人生が大きく変わっていったのです。それが、このアトピー克服のプロセスで得られた最も重要で大切な体験でした。

このときの想いと経験が、今の私の人生観を形づくり、クライアントの皆さんにライフエネルギーコーチングをさせていただく原点となっています。

●無限の可能性を秘めるライフエネルギー

人には本来、自分で自分の病気やケガ、不快症状を治す力＝自己治癒力（「自然治癒力」ともいいます）が備わっています。

カイロプラクティックの世界でも、自然治癒力とは**「すべての病気や痛みが改善する可能性があり、すべてが改善するとは限らない」**という独特の定義が存在します。完全な肯定でも否定でもない、摑みどころのない話に聞こえるかもしれませんが、人間が持つ能力や才能でもいわれるように、

「その力は、すべての人とすべての病気に作用する無限の可能性がある」

ということです。

例えば、余命1年の末期がんと診断された方が、1年経って逆に元気になっていたり、奇跡の生還をされたりするケースがあります。その際に、データや理論を基準に判断する医者がその光景を目の前にし、「このクライアントさんの〝生命力がすごい〟としか言い

ようがない」と首を傾げるのは、決して珍しい話ではありません。医学上の理論や方程式から外れ、普通や常識を超えたときに、奇跡という感覚から思わず出てくる言葉なのでしょう。

コロナウイルスの話によく登場する「免疫」も、自然治癒力の一つです。免疫とは、自分自身の細胞以外を外敵と見なして排除するシステムのことをいいます。よく「風邪に特効薬はない」といわれますが、健康な人であれば風邪をひいても数日で治ってしまいます。これは体内に入ってきた風邪のウイルスに対して免疫システムが立ち上がり、細胞が外敵と認識して攻撃するからです。

なお、膠原病やバセドウ病など「自己免疫疾患」と呼ばれる疾患は、免疫システムに誤作動が起こり、本来、身内であるはずの自分の細胞を外敵と見なすことによって起こります。「免疫が過剰に働いている」と捉えると分かりやすいかもしれません。

つまり、免疫が正しく働くようになれば、原因不明の病気の多くは回避したり、症状を改善したりできるといえるのです。

最近のセッションでは、コロナウイルスワクチンの必要性の有無もよく聞かれます。私は、「ライフエネルギーの高い人は、どちらでも自分が安心するほうを選択されたらいい」とお答えしています。

ライフエネルギーが高い人は、基本の免疫力も高い傾向にあります。だから、ワクチン接種することでより効果性が高まり、副反応の影響も最小限ですみます。逆に、接種をしなくても自己免疫力だけで、充分に防御力がある状態の人もいます。

一方、ライフエネルギーが低い人、免疫力の低い人は、ワクチン接種をしても感染したり重症化したりしやすく、副反応の影響も大きく受けやすくなるのです。また接種をしなければ、ただの無防備状態に陥る可能性もあります。

つまり、**ライフエネルギーを活性化できている人は、選択肢の幅も自由になるのです。**

次のページの「ライフエネルギーレベル」の表を見てください。

生まれたときのように、ライフエネルギーを一番発揮している状態を１００％と設定

レベル	主な身体のサイン	主な心のサイン
80 ~ 100 活性期 **直感**	・基本的に元気ハツラツ!! ・自己管理が自然にできる ・ストレスがかかっても大きく影響を受けることは少なく症状が出ても短期間で回復できる ・周りから一緒にいると元気になると言われやすい	・自分自身にワクワクする ・最少のエネルギーで最大の成果を出せる ・自己燃費がいい ・自分の才能を発揮し楽しむ ・受け身の自分から与える人に ・思考で生きる自分から直感で生きる自分へ
50 ~ 80 安定期	・以前に感じていた症状の改善を自覚できる ・睡眠不足や不意なストレスを受けても影響が最小限で適応力の向上を実感できる ・心身の調和がとれている状態と不調和な状態の違いが分かるため気付きと切り替えが早く体調も安定してくる	・自分自身をコントロールしやすくなる ・自分らしさを大切にしたくなる ・心が穏やかなことが多い ・気持ちや気力が高まり夢や目標が描きやすくなる
20 ~ 50 不安定期	・首、肩コリ ・腰痛 ・各関節痛 ・むくみ、冷え性 ・だるさ、疲れがとれにくい ・症状、病気が改善しづらい	・不満 ・不安になることが多い ・イライラ ・過去にとらわれやすい ・自分自身コントロールしにくい
0 ~ 20 不足期 思考	・各内臓疾患 ・原因不明の病気 ・風邪などひきやすく治りにくい ・疲れがなかなかとれない ・寝つき、目覚めが悪い	・先の見えない不安 ・疑心暗鬼 ・引きこもり ・無気力 ・気力低下 ・マイナス思考になりやすい

し、それぞれのレベルの身体と心に現れるサインが書かれています。

あなたのライフエネルギーレベルは今、どれくらいだと思いますか？

低くてもがっかりする必要はありません。ライフエネルギーは自分でどんどんアップさせることができます。むしろ「低い分だけ伸びしろがある」くらいに思って、どれくらい上げることができるかを楽しみにしてくださいね。

ライフエネルギーポイント

ライフエネルギーが高まると、自然治癒力の可能性も無限に

●健康はライフエネルギーの〝黒字経営〟状態

私が個人セッションで、新規のクライアントさんに必ず投げかける言葉があります。それは、「生きている限りストレスは避けられませんね。ストレスにも心や食、環境など様々ありますが、数々のストレスに囲まれても元気でいる人とそうでない人がなぜ存在すると思いますか?」という問いです。

その鍵を握るのは、「その人の内側にあるライフエネルギーレベルの違い」です。ライフエネルギーを、ここでは分かりやすく「自己回復力」とイメージしてみてください。

そして、次のような図式でシンプルに説明することができます。

ストレス≦ライフエネルギー50%以上=健康・調和
ストレス≧ライフエネルギー50%以下=病気・不調和

※独自の手法でレベルを測定します。設定基準はMAX100%。70%以上になるとより安定感が増します。

ある一定量のストレス(マイナスエネルギー)があっても、ライフエネルギー(プラスエネルギー)が上回る状態を「健康・調和」と捉え、逆に下回る状態を「病気・不調和」と捉えます。

これをお金の話で例えると、誰でも一定の支出は避けられませんが、それを上回る収入があれば黒字になり、下回れば赤字になるということです。

この赤字状態が続くと、経営や家計の破綻が起こります。身体でいえば、日常生活に支障をきたすほどの病気や痛みに悩まされる状態を意味します。

一方、黒字状態を保っていると、1日が終わって「疲れたな」という感覚があっても、必要な睡眠時間をとれば、翌日はスッキリ元気な朝を迎えられます（ライフエネルギーが高い人は質が量をカバーして、短時間睡眠でも回復良好をつくれる傾向があります）。

そして、**一般的には受け入れるしかないとされている老化や更年期、遺伝子レベルの影響も、ライフエネルギーの状態で軽減できたり、緩やかにすることが可能なのです。**

さらに興味深いことに、ライフエネルギーが高い人は、年齢を問わず若々しいという傾向があります。60代で来られて、当時のレベルは30％だった女性クライアントさんがいます。それから20年以上のお付き合いで、現在は80代になられていますが、明らかに当時よりイキイキとして、肌つやも良くなりました。何よりも生きる意欲が伝わってくるのが、私の喜びの一つです。

アンチエイジングを掲げているわけではありませんが、ライフエネルギーが高まって心身が元気になると、あきらめていたことができるようになったり、新たな希望や意欲が生まれてきたりします。すると、イキイキと若々しくなるのは必然なのかもしれません。

ライフエネルギーポイント

エネルギーの黒字から思いがけないギフトを受け取れる

●最終ゴールはエネルギーを活かすこと

ライフエネルギー値が50％前後の段階では、「どうしたら自分のエネルギーが高まるのか、どうしたら元気になれるのか」という悩みが、セッションのテーマになることがよくあります。

一方で、ライフエネルギー値が90％前後になると、**「この高まったエネルギーをどう使い、どう活用したら幸せに豊かになれるのか」**というワンランク上の相談が大半を占めるようになります。

これも、お金の話に例えると分かりやすいかもしれません。お金が少ないときは「どう貯めようか」「どう増やそうか」という悩みですが、お金が貯まってくると「どう使おうか」「どう活用しようか」という悩みに変わっていくでしょう（セッション中はクライアントさんから、「一度そんな風に悩んでみたい」というツッコミが入り、よく盛り上がります）。

ライフエネルギーが50％前後の人の多くは、エネルギーレベルが低い分、健康や人生の状況がグレーな状態でも「自分の健康や人生はこんなものだろう」と、特に気にしていません。また、「ああしたい」「こうしたい」といった願望実現への意欲や気力も低下傾向にあります。

ところが90％前後になると、エネルギーも意識も高くなっており、自分が心地いいか悪いかについて白黒ハッキリと感じられるようになってきます。すると、曖昧なグレー状態でいることが居心地悪くなってくるのです。

そのため50％レベルの人よりも、つらさやイライラを明確に強く感じるようになりますが、気づいたら修正も早いので、ズルズル低下していくことが少なくなります。

これが、エネルギーが高い人が高くあり続けられる所以です。

この段階までくると、本来の自分が望む生き方や対象にエネルギーを使わずにはいられません。また、実際にそうすることで生産性やパフォーマンス性が高まります。

目標達成への到達度の速さはもちろんのこと、それに伴って得られる幸福感や充実感も低い人より大きく感じられるようになるので、一度この体験をすると、もうやめられません。

ライフエネルギーレベルが50％前後のときには、あきらめていたこと、他人事になっていたことが、90％前後になると実現できたり、自分事になったりします。すると、好きなこと、やりたいことに邁進できるようになるのです。そんな姿を目の当たりにし、感動の報告を聞かせていただくときが、仕事冥利に尽きる瞬間です。

ライフエネルギーポイント

エネルギーを高めることは手段であり、高めたエネルギーを活かすことが目的である

●健康と人生はエネルギーでつながっている

序章でライフエネルギーのライフという言葉は、「生命」と「人生」、どちらの意味も含んでいると話しました。

私自身のアトピー体験もそうでしたが、最初は、病気とはお医者さんに治してもらうものくらいにしか思っていませんでした。

しかし実際は、受け身でいるだけでは改善しません。自分の生き方や心のあり方、食生活などの生活習慣、住まい、空気や水などの生活環境に一つひとつ向き合い、見直したことで、周りが驚くほどの改善をすることができました。

そして、その体験を活かして今はライフエネルギーコーチとして、今度は身体や心の不調で悩んでおられる方のサポートをする人生を歩むことになりました（闘病中には、このような未来を知る由もなかったですが……）。


不快な症状があると、ただそれを改善することだけに意識が向きがちですが、「どうやって改善するか」という過程が大切です。つまり**身体や心が気づいてほしい大切なメッセージを受け取ること、そして、そのために必要な選択や行動をしていくことでパターンが変わり、それが根本改善へとつながっていくのです。**

「身体は人生の履歴書」という言葉があります。**身体にはその人の生き方、習慣の歩みが**

現れるという意味ですが、分かりやすく比喩されていて、私が大切にしている言葉の一つです。

病気や不快症状といった心身からのサインは、自分の生き方、生活習慣、生活環境を見直す大きなチャンスです。

それは、すなわち「健康と人生はエネルギーでつながっている」からです。

次の章からは、豊かな人生を送る上で欠かせないテーマである「衣食住」「人間関係」「仕事」「運」を、エネルギーの視点からお話ししていきましょう。それぞれが、「健康」に関わるライフエネルギーにも密接に関係しています。その理解がより深まる時間になるでしょう。

ライフエネルギーポイント

ライフエネルギーを変えれば、健康だけでなく、人生も変わる

☆健康のエネルギーを整える5つのこと

1　自然体でいられる自分の時間を大切にする

ライフエネルギーは、人が生まれながらに持っている本来のエネルギーです。よく「本来の自分」「ありのままの自分」といわれますが、一言で言えば「気を遣わず自然体でいられる自分」です。

気を遣わず自然体でいられるということは、余計なエネルギーを消耗していない省エネモードの状態です。日々忙しい中で、この「自然体な自分」になれる環境（人、場所）で過ごす時間を、最低1時間は確保してみてください。

そのような時間は自分のエネルギーを高めると共に、インスピレーションも働きやすくなり、悩み事の解決のヒントやアイデアがひらめきやすくなります。

2　なるべく自然な飲食物を摂る

ライフエネルギーは自然治癒力でもあります。

自然治癒力を高めるには、自然な飲食物、つまり余計な化学物質や添加物類を使っていないものを摂るように心がけることが大切です。

オーガニックと呼ばれるものは余計な化学物質の使用を最小限にし、自然のパワーを最大限に発揮しているので、私たちのエネルギーを高めてくれます。

逆に不自然な飲食物を摂り過ぎると、血液や細胞の質を悪化させたり、内臓に負担をかけたりします。つまり化学肥料や添加物、防腐剤の入ったものは最小限にする意識が大切ということです。

エネルギーが高いと浄化力も高まるので、不自然な化学物質が体内に入っても、浄化や排泄する力が高く、一石二鳥です。

3　自然回帰の時間を大切にする

自然回帰という言葉があります。山や森、海などの自然の中には、それぞれの場所に命が宿る動植物が存在し、生命エネルギーがあふれています。パワースポットといわれる場所が、人工物より自然があふれているところに多いのはそのためです。

時々そのような場所に足を運んで、ゆったりした時間を過ごすことが、自分のエネルギーを高めてくれるでしょう。そうした場所で大きく深呼吸をすると、より気持ちよくたくさんのエネルギーを受け取れるのでおすすめです。

深呼吸をしたときに、エネルギーの質がいいところほど心地よく、空気が美味しく感じられます。

4　身体のバランスを大切にする

よく身体のバランスを考えると足を組んではいけない、横座りをしてはいけないといわれるので、耳にされたことがあるかもしれません。

しかしながら、正確に言うと、いつも同じ側や方向の体勢でいることが本当の問題なのです。

無意識に、組みやすいほうばかりで足を組んだり、しやすいほうばかりで横座りをしたり、持ちやすいほうの手ばかりを使って荷物を持つ、といったことをやりがちです。

意識的にやりにくい側も、短時間でもいいので使うようにしましょう。そうして偏りからくる身体の歪みと負担を最小限にすれば、エネルギーを高めることができます。

5　心のバランスを大切にする

クライアントさんから「好きなことをして楽しい毎日を送っていたら、いつまでも元気でいられますか？」という質問をいただくことがあります。

そのときにお伝えしているのが、「楽しい電話でも電力は消費している」ということです。使い続けるだけであれば、いずれ充電切れになり、使用できなくなるので、時々充電器でチャージする必要があります。

つまり、楽しく躍動する「動」の時間ばかりでなく、ほっとリラックスする癒しの「静」の時間も同じように大切です。これは、エネルギーの充電と消費のバランスでもあります。

この充電と消費がうまく循環していくことが、元気に若々しく生きるために大切な秘訣なのです。

コラム

あなたのエネルギー、どこが弱っている？

●ライフエネルギーを高めるはじめの一歩

ここでは、「ライフエネルギーコーチング」のセルフバージョンをご紹介します。

まずは、LECについて簡単に説明します。

LECは私が考案した手法で、セッションはすべて個人単位で行っています。独自のテストとオリジナルチャートを使い、その人が本来生まれながらに持っているライフエネルギー（生きる力、癒す力）が現在どんなレベルにあるかを見て、低下の原因を探ります。

それが明確になったら、必要なヒーリングや手技療法、メンタルコーチングなどを使って、生き方や生活習慣、環境を見つめ直しつつ、クライアントさんのライフエネルギーレベルを最大限へと導きます。このLECを通じて、身体と心を一つとして捉えられるようになると、目に見えない心の状態の変化を、身体を通して実感していただけるようになっていきます。

ここでは特にライフエネルギーに影響の大きいメンタルに関して、セルフで行えるアプローチ法をご紹介していきます。

●心と身体をつなぐ場所の存在を知る

心と身体は車輪の両輪のような関係になっています。心の状態が悪いと身体の具合も悪くなり、身体に不快症状があると心の状態も悪くなることを、皆さんも経験上、よくご存じのことでしょう。

人の身体には、心と身体をつなぐ場所が7つあるといわれています。その7つの場所は、様々な心の状態を身体で知るバロメーターの役割を果たしています。

さて、今、あなたの7つのエネルギーバロメーターは、どんな状態になっているでしょうか。次の7つのグループに分かれた設問を読んで、当てはまる項目の□にチェックマークを入れ、グループごとにチェックマークの数を記入していきましょう。

【第1グループ】

◆人と触れあう機会が極端に少ない □
◆孤独感や孤立感を強く感じる □
◆自分の生きている意味が分からず、消えてしまいたくなる □
◆誰も自分を助けてくれないと思う □
◆家族や組織の中で強い束縛感や不自由さを感じている □
◆地震や災害後で生命や生活が脅かされている □
◆生活に支障が生じるほどの病気や障害を持っている □

チェックマークが入った数 （　個）

【第2グループ】

◆人間関係の悩みやトラブルがあるほうだ □

◆お金のことにいつも不安がある □

◆仕事にやりがいを感じず、やる気やモチベーションが上がらない □

◆オシャレやスキンケアにあまり関心がない □

◆「これは自分の役割だ」とか「自分の役目だ」と言えるものがない □

◆生殖器系、婦人科系に不調がある □

◆腰痛やひざ痛、座骨神経痛など下半身に不調がある □

チェックマークが入った数（　個）

【第3グループ】

◆自分が嫌いだ □

◆自分より周りのことを優先しやすい □

◆他人の言動に振り回されることが多い □

◆物事がうまくいかないと、周囲の人や環境のせいだと思ってしまう □

◆緊張しやすく責任感は強いほうだ □
◆胃腸障害等の消化器系の不調を起こしやすい □
◆アレルギー性鼻炎や皮膚炎、関節炎等の炎症系のトラブルを抱えている □

チェックマークが入った数 （ 個）

【第4グループ】

◆このところ、心から笑ったことがない □
◆自分の感情を押し殺してしまう癖がある □
◆周りの人が喜ぶなら、自分が犠牲になるのは我慢の範囲内だ □
◆傷つきやすく、被害者意識を抱きやすい □
◆怒りや悲しみを感じることは、よくないことだと思っている □
◆心臓や肺、乳腺等の胸部臓器に不調がある □
◆肩、腕に痛みやこりなど不快な感覚がある □

チェックマークが入った数 （ 個）

【第5グループ】

◆何かやりたいと思っても、すぐにあきらめてしまう □
◆何かを決めたり選んだりすることが苦手だ □
◆結果が保証されないことには、なかなか一歩を踏み出せない □
◆言いたいことがあっても遠慮したり我慢したりするほうだ □
◆基本的に人生や人間関係に対して受け身だ □
◆首や顎関節に痛みや不調がある □
◆喉や歯、甲状腺などに不調がある □

チェックマークが入った数（　　個）

【第6グループ】

◆つい物事の悪い面を考えてしまう □

◆決めつけや思い込みで行動し、後悔することがある □

◆周りから頑固だ、融通がきかないと言われる □

◆被害者意識が強く、被害妄想に陥りやすい □

◆パソコンやスマホに触れる時間が長い □

◆頭痛や睡眠、五感（視覚、聴覚、嗅覚、味覚、触覚）のトラブルを抱えている □

◆頭の回転やひらめきが鈍くなっている □

チェックマークが入った数（　個）

【第7グループ】

◆目で見た現実だけがすべてだと思っている □

◆目先のことや損得に捉われている □

◆思い通りにいかないとイライラしたり、不安に陥ったりしやすい □

◆直感やひらめきに委ねきれない □
◆自分にとって利益にならないことはしたくない □
◆他人や社会、地球のために何かをするのは面倒くささや犠牲感を覚える □
◆気分が停滞気味で疲労感や倦怠感が強い □

チェックマークが入った数 （ 個）

いかがでしょうか？ 各グループでチェックマークが4個以上あるところが一つでもあれば、心身が疲れた状況にあり、ライフエネルギーが低くなっている可能性が高いです。

逆に、すべて3個以下であれば、ライフエネルギーを高い状態で維持できているといえます。

7つのチャクラを調整してエネルギーを高めよう

今やっていただいたライフエネルギーチェックは、ヨガでいう「チャクラ」のチェックでもあります。

インドで生まれたヨガの身体観では、会陰《えいん》部から頭頂部まで身体の中心に7か所、エネルギーの出入り口が存在すると考えられています。

一言で言いますと、チャクラとは「心の状態が身体に現れる場所」です。

先ほどの設問は、第1グループ=第1チャクラの状態を問うもの、第2グループ=第2チャクラの状態を問うもの、というように番号順に対応しています。

そのため多くのチェックマークの入ったチャクラは、ライフエネルギーが滞ったり弱くなったりしていることを示しています。

左表は、チャクラの心と身体の関係性と、中心になるテーマをまとめたものです。参考

チャクラの対応表

チャクラ	場所	弱っているときに陥りやすい状態	中心のテーマ
第1チャクラ	会陰（男性の場合は睾丸と肛門の間、女性の場合は膣と肛門の間）	孤独感や孤立感を強く感じる、生きている意味が見いだせない、組織の中で強い束縛感を感じる	ひとりではなく人とのつながりを感じ愛されていることに気づくこと
第2チャクラ	丹田 （おへその下）	人間関係のトラブル、仕事の悩みお金への不安、性的魅力への自信のなさ	互いを尊重し活かすこと
第3チャクラ	みぞおち	自分への自信のなさ、自己嫌悪、他人中心になっている、人のせいにする、過剰な責任感	自分を尊重すること
第4チャクラ	胸の中心部	感情を押し殺す、過度の自己犠牲、被害者意識、意欲減退	ネガティブ感情を受容することでポジティブ感情に変容すること
第5チャクラ	のど	あきらめやすい、選択ができない、目先の状況にとらわれる、万事受け身	意思と決断が現実を創る力になること
第6チャクラ	額の中心 （眉間）	悲観的になる、決めつけやすい、融通がきかない、被害妄想、スマホやパソコンへの依存	今の現実は自分が信じた世界であること
第7チャクラ	頭頂部	現実しか見ようとしない、目先の損得にこだわりすぎる、直感や閃きに蓋をしてしまう	直感で生きることを許可すること

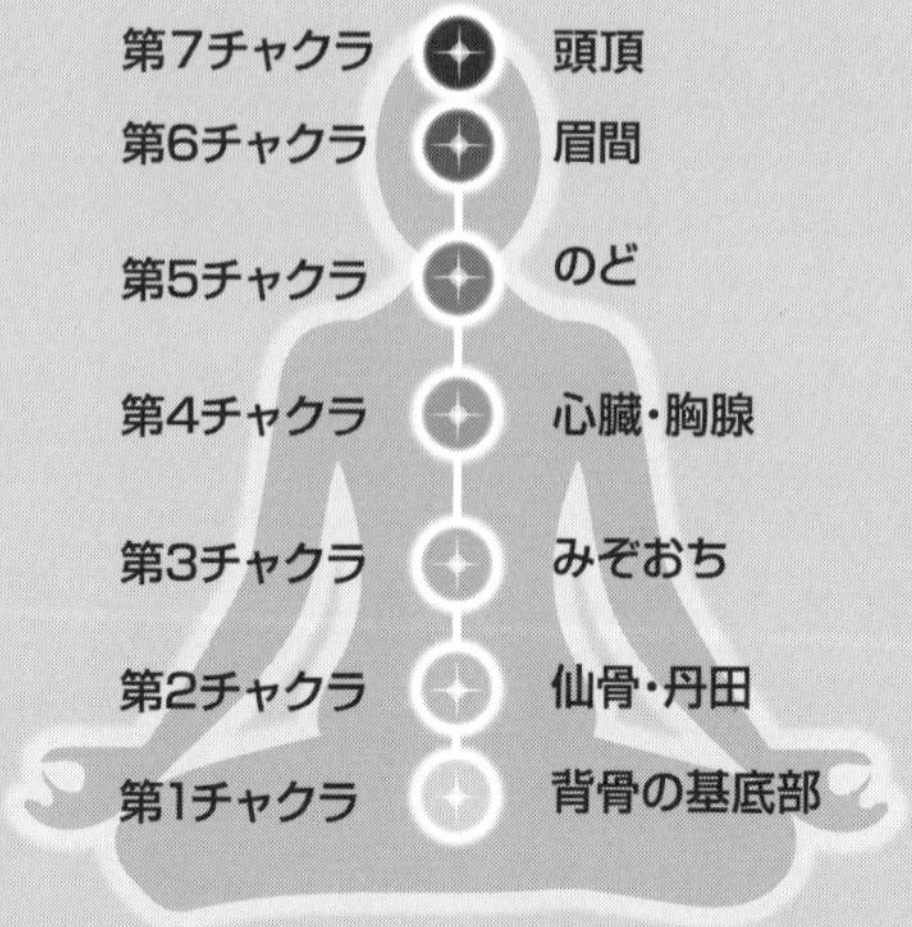

にしてください。

それでは、ご自身でできるチャクラの調整法をお伝えしましょう。

もし自分が調整すべきチャクラがはっきりしない場合は、第1～第7まですべてのチャクラのセルフ調整を行ってみてください。最も心地よかったと感じる部分が、今あなたの中で調整が必要なチャクラです。それが一つの場合もあるし、複数のチャクラになることもあります。

まずは、チャクラのセルフ調整を行う前に注意点をお伝えします。

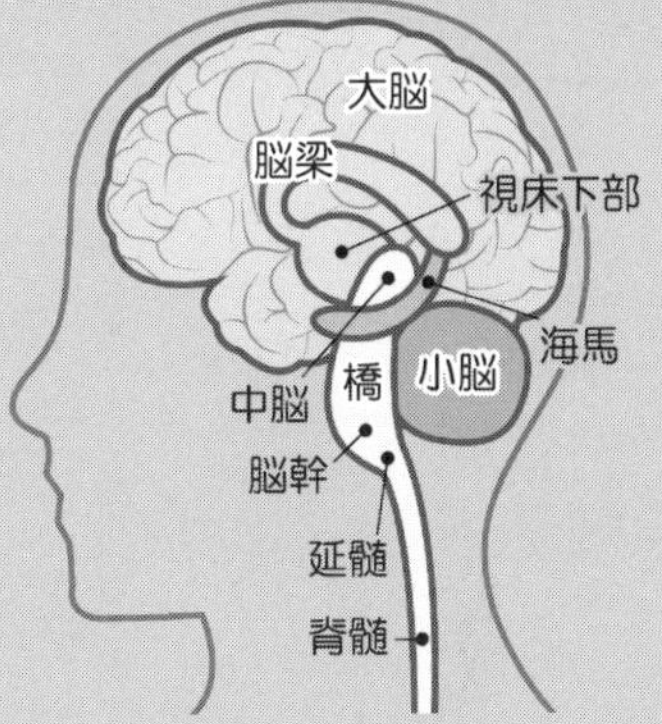

・視床下部を意識して

どのチャクラ調整する場合でも、必ず脳内の「視床下部」という場所を意識してください。

視床下部は解剖学的には脳のど真ん中にあり、自律神経を統括する最高中枢とされています。この視床下部を意識し、「今から第●チャクラの調整をしていきます」と宣言することで、調整パワーが高まります。ちなみに、この場合の宣言は口に出さなくても大丈夫です。

・盆の窪がキーポイント

調整が終わったら、視床下部を刺激します。とはいえ、視床下部は脳内にあるので、直接触れることはできません。

そのため、体表にある視床下部の「反射点」を利用します。反射点とは、東洋医学の

「身体の内側に存在するもの（器官）は、身体の表面にその器官が反射（投影）されている点を持つ」という考え方に基づくものです。

視床下部の反射点は、後頭部の真ん中から指を下におろした、ポコッと指が入る凹んだところ＝通称・盆の窪、私はこれをライフエネルギーポイント（以下ＬＥＰ）と呼んでいます。

チャクラの調整をする場合、必ず、**「視床下部への宣言＋各チャクラの調整＋ＬＥＰを指で押圧する（指先で押す）」が１セット**ということを心に留めておいてください。

ここからチャクラの調整に入ります。

イラストは第２チャクラを例にしていますが、Ｐ73の表を参照し、それぞれ調整したいチャクラの部位に手を当てて行ってください。

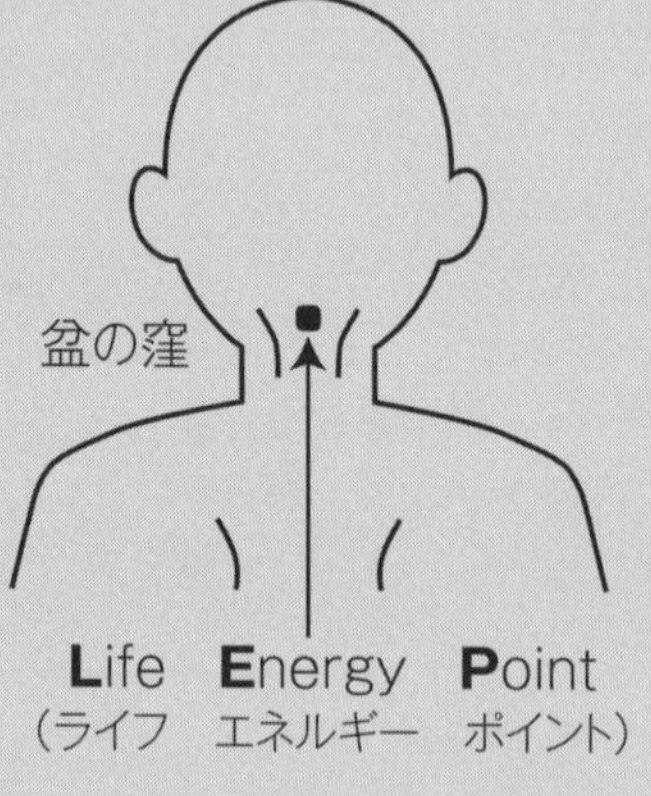

1．左右それぞれ肩を上げ下げし、どちらが重いか（動かしにくいか）を確認する

2．調整したいチャクラの部位より2〜3㎝上に手をかざします。直接触れる必要はなく、少し離しても大丈夫です。時計回りに渦を描き、広げていくイメージでゆっくり優しく3回、回していきます。

※反時計回りにすると逆効果になるので、必ず時計回りで行ってください！

3．LEPに親指を当て、上に2回押圧します（視床下部に「第●チャクラの調整をお願いします」という想いを込めて）。

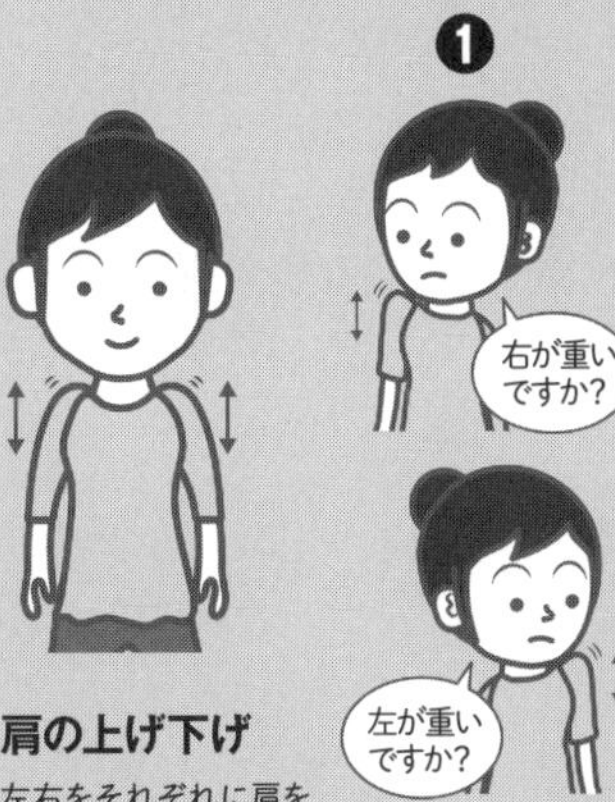
1
右が重いですか？
左が重いですか？

肩の上げ下げ
左右をそれぞれに肩を上げ下げしてどちらが重いかを確認する

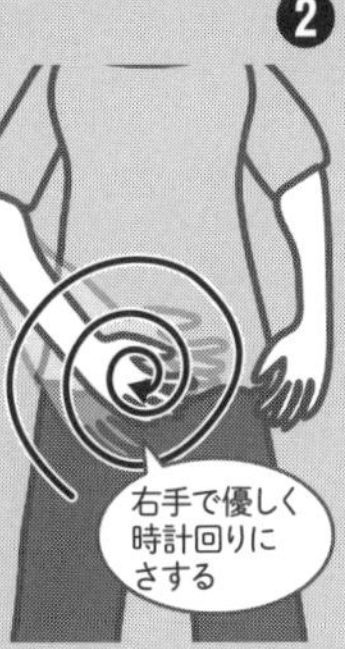
2
右手で優しく時計回りにさする

3
頭を上に向けた時、くっと指が入るところ

4．2〜3をさらに4回（合計5セットになるように）繰り返します。

5．再度、左右それぞれ肩を上げ下げし、1のときにあった違和感が軽減したかどうか確認する。

チャクラのセルフ調整は、場所も時間も選びません。先の説明では便宜上合計5セットとしましたが、ご自身が心地よくなるまで何度行っても構いません。ぜひ皆さんの日常に取り入れてみてください。

❺
再度肩の上げ下げを行い
左右の重さ、ハリを確認する
左右のバランスが整った！

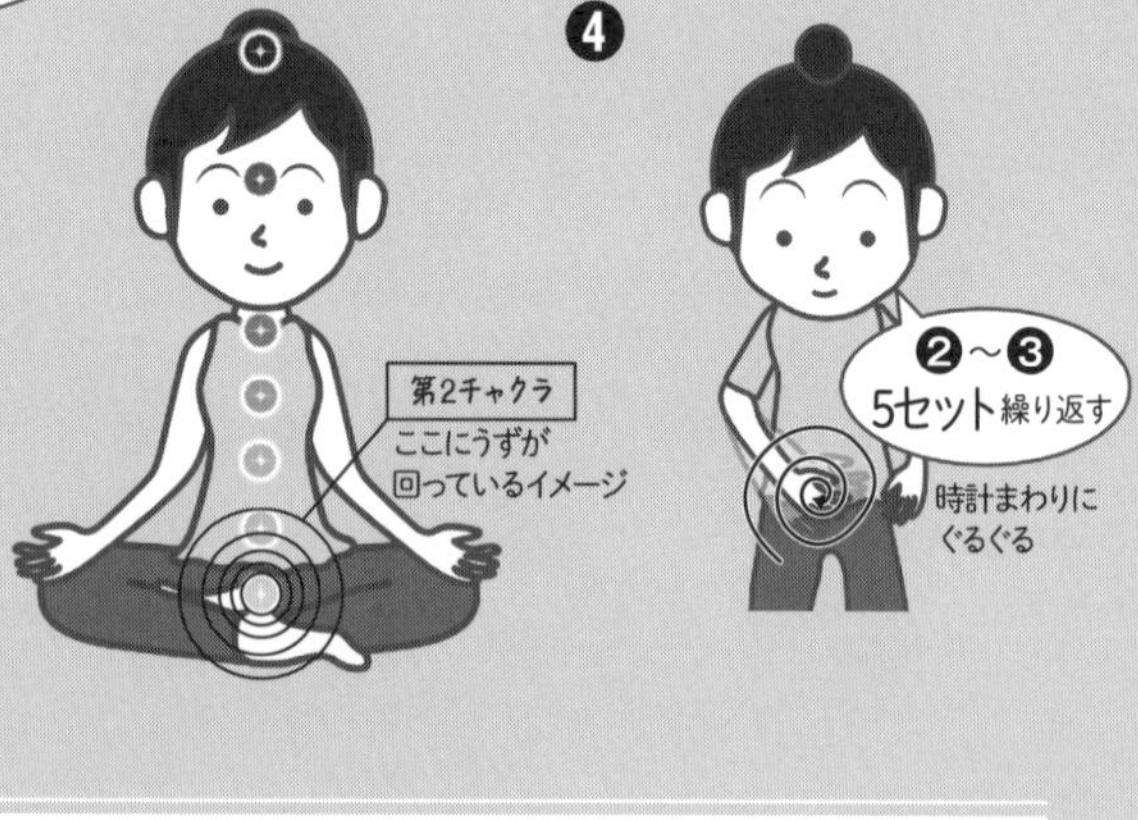
❹
❷〜❸
5セット繰り返す
時計まわりにぐるぐる
第2チャクラ
ここにうずが回っているイメージ

第2章

衣食住環境とエネルギー

第1章では、人間の内部にあるライフエネルギーと健康の密接な関係についてお話をしてきました。

この章からは内部だけでなく、外部（環境）のエネルギーが、いかに循環しながら私たちの健康から人生にいたるまで大きな影響を及ぼしているかを、テーマ別にお話ししていきたいと思います。

まず私たちの生活の基本になる「衣食住環境」のテーマから、扉を開いていきましょう。

●あなたを囲むエネルギーで幸せが決まる

幸せとは「自分らしく生きること」とよくいわれます。では、いざ自分らしく生きるとは具体的にどうすればいいのかと問われると、戸惑う方が多いかもしれません。

その人らしく輝いてイキイキしている人と、そうでない人との違いは、どこから生まれてくるのでしょうか――。私はその違いについて、「とても身近な習慣から生まれてくる」と考えています。

イメージしてみてください。

あなたは毎日何を身に着けて、何を食べて、何を飲んでいますか。

そして、どのような場所や空間で生活し、仕事をしていますか。

あなたが毎日身に着けているものは、大好きなお気に入りのものですか。

手にした瞬間からワクワクするぐらい気に入ったものを身に着けていますか。

それとも気に入っていないのに、ただもったいないというだけで、あるいは面倒くさいと思いながら、身に着けていますか。

あなたが毎日口にするものは、一つひとつが自分の細胞をつくる大切な素材になる、と感じられるものですか。

それとも、お腹が満たされれば何でもいいくらいに考えていますか。

あなたが毎日暮らしたり働いたりする空間は、居るだけでホッとできたり、快適さを感じられる場所ですか。

それとも、ただただ生活や業務ができたり、眠る場所の確保ができればいいといった空間でしょうか。

実は、この身近な日々の環境と習慣、すなわち**「どのようなエネルギーに囲まれて生きているのか」が、イキイキと輝く自分をつくる上で、大切な基盤のテーマになります。**

自分の好きなワクワクする衣服やアクセサリーを身に着ける。気に入った食卓で体に優しい、身体が喜ぶ食材を摂り入れる。自分が快適に感じる場所や空間づくりを、いつも心がけている——。そうしたことが、豊かに自分らしく輝いて生きている人の共通点です。

一方、服は着られたら何でもかまわない。アクセサリー類にも関心がない。食事はお腹が満たされたら何のこだわりもない。生活や仕事の空間は、多少不快な感じがあっても気にしない——。こうした人の多くは、残念ながらいつまでも人生に不満を持ち続け、イキイキ輝くことができないようです。

私はよくクライアントの皆さんに、生活環境や習慣の差をゴルフに例えてお話ししています。例えば、ゴルフボールが真っ直ぐ飛ぶ軌道と、5度ズレた軌道の両方の落下点を想像してみてください。

最初は真っ直ぐと5度の違いというと、ほんのわずかな差しかありません。しかし、そのズレのまま100メートル飛ぶと、それぞれの落下点は単純に100メートル以上離れた位置になるのです。

このことを生活習慣と環境に置き換えると分かるでしょう。自分に合ったプラスエネルギーに囲まれた衣食住環境で生きる10年と、自分に合っていないマイナスエネルギーに囲まれた衣食住環境で生きる10年では、全く違う現実を創り出してしまうのです。

衣食住環境をマイナスエネルギーで積み重ねてきた人は、自分が望んでいない現実と直面したときに、「どうして私がこんな目に遭わないといけないの？」と不本意な思いを口にします。ゴルフでいえば「こんなところにボールを打った覚えはないよ」と。

逆にプラスエネルギーを積み重ねてきた人は、自分が望んでいる以上の現実が起こったときに、「こんな幸せな人生になるなんて思いもしなかった！」と喜びを口にします。ゴルフでいえば、「描いていた以上の最高の場所にボールが落ちたよ」と絶賛することになるでしょう。

私は30年の施術活動の中で、数々のクライアントさんのこのような悲劇と喜び、どちらの場面にも遭遇してきました。

次からは、いくつか事例を紹介しながら、ライフエネルギーを高める衣食住環境づくりの秘訣と、セルフでできるエネルギー相性チェック法を解説していきましょう。

衣環境とエネルギー

皆さんにも、この服やアクセサリーを身に着けると身体が軽く感じるとか、逆に、これを身に着けると疲れやだるさを感じるといった経験はありませんか?

「あるけど、気のせいかも……」と思われた方もいるでしょう。

しかし、これは気のせいではありません。衣類やアクセサリー類などのエネルギー状態は、ライフエネルギーや身体のバランスに影響を及ぼしているのです。ここで、クライアントさんのセッション例をいくつかご紹介します。

●メガネはまだ買い替えなくてもいい

あるセミナーでご一緒した経営者Kさん。Kさんは懇親会会場で「噂は聞いています。三上さん、ぜひエネルギーチェックしてもらえませんか」と声をかけてこられました。

私もお近づきのしるしに、チャクラを用いた筋肉反射テスト（※1）を行い、ワンポイントチェックさせてもらったところ、かけておられたメガネにマイナス反応が出ました。

Kさんはヒットした表情で「確かに最近見づらくなってきて、疲れやすくもなっていました。もう買い替えたほうがいいってことですね」と納得していました。

そこで今度は、出ていたマイナス反応の背景を探るチェックをしました。すると、原因は〝扱い方〟にあると出たのです。扱い方とは、大切に扱われていないという愛情不足のサインで、それが理由で、メガネのエネルギーがダウンしていたというわけです。

Kさんには、思い当たるふしがあったようです。そこで私は、「メガネを両手で包み込み、リスペクト（愛と感謝の想い）を込めてつながってください」と言い、実際にKさんにやっていただきました。

その後に再チェックしたところ、メガネはプラス反応に変わったのです。

そうして、Kさんにかけてもらったところ、「何これ、メチャクチャ見やすくなってるわ！」と大絶賛されていました。

近年「言霊」という言葉をよく耳にするようになりました。いつもプラスの言葉、感謝の言葉をかけ続けた植物は、とてもイキイキと長生きするといわれます。

人間も、大切な人から愛情や感謝を感じていると元気になりますが、不足や枯渇状態が続くと元気を失くしていき、最後は人間関係がギクシャクするようになっていきます。

まさしく言葉は力、もっと言えば、言葉はエネルギーそのものなのです。

では、エネルギーを高めるにはどうすればいいのでしょうか。

最も大切なのは、「心を込める」ことです。心が込もっていない言葉は、当然心に響かず、逆にエネルギーを下げてしまいます。

逆に、心の込もった言葉は人の心を動かし、時には人生を動かすエネルギーにもなっていくのです。それは人だけではなく、モノも同じです。

今、あなたの身の回りで古くなったり、調子が悪くなったりして買い替えを予定しているモノはありませんか？　それは、扱い方がぞんざいだったりしませんか？　あなたの周りにも、愛情エネルギーの不足が原因となって、調子が悪くなっているモノが潜んでいるかもしれません。

ライフエネルギーポイント

モノをいくら買い替えても、愛情不足が続けば早く退化する

※1　筋肉反射テストとは？

筋肉は心や身体の状態によって、身体（＝筋肉）に力が入るときと、入らないときがあります。その性質を利用して筋肉の強弱をモニタリングし、心と身体、潜在意識の声を聴きます。

●相手への想いがプレゼントされたモノのエネルギーに表れる

その日、女性クライアントYさんは、とにかく左肘が痛いと言って苦痛の表情で来られました。外傷の覚えはないそうですが、少し動かしただけでも顔が歪むぐらいです。

筋肉反射テストでチェックしたところ、アクセサリーとして着けていた腕時計にマイナス反応が出ました。その腕時計が有名な高級ブランドということで、Yさんはマイナス反応が出たことにショックを隠せない様子でした。

さらにマイナス反応の原因を追求すると、ここでもやはり〝扱い方〟に反応が出ました。

思い当たるところがあるかを尋ねると、「これは主人が誕生日にプレゼントしてくれたもの」ということ。それがマイナスになっているのは、どういうことなのか……。

実は、Yさんのご主人に対する日頃の〝愛と感謝の不足〟が、腕時計のマイナスエネルギーとして表現されていたのです。

Yさん自身、思い当たることが多かったようです。そこで、両手でこの腕時計を包み込み、改めてご主人への〝愛と感謝〟の想いを込めて、腕時計とつながってもらいました。

最初は半信半疑の様子でしたが、次第に、心が込められているのが伝わってきました。

そして再びチェックしたところ、腕時計はプラスエネルギーに反応が変わったのです（特に貴金属類はプラスエネルギーになると、輝きが増して色目が鮮やかになり、目に飛び込んでくるぐらい存在感も高まります）。

Yさんに痛かった左肘を動かしてもらったところ、「え〜全然痛くない!!」と驚いておられました。「本当にこんなにすぐ変わるほど影響しているなんて、ちょっと信じられないわ。狐につままれたみたい」と。

そして、少し落ち着いてから、「主人と腕時計、共に大切にします」と最高の笑顔で帰られました。


誰かからもらったプレゼントは、扱い方だけではなく、相手への想いがモノのエネルギー状態となって表れます。きっとあなたの身の回りにも、これまでにプレゼントとしてもらったものがあるはずです。それを両手で包み込み、相手の顔を浮かべながら、愛と感謝の想いを込めてみてください。これを実践してエネルギーの変化を体感することが、皆さんにとって目から鱗《うろこ》が落ちる体験の一つとなるでしょう。

ライフエネルギーポイント

プレゼントされたモノのエネルギーは、相手への愛と感謝のバロメーター

●ベストセラー作家・本田健さんも体感したモノのエネルギー

今や世界的ベストセラー作家としてご活躍の本田健さんとは、ご縁があってLECセッションを定期的に受けていただいています。それがもう11年にもなり、その間、公私にわたって数々の人生の節目に、たくさんのあたたかいサポートをいただきました。その健さんのLECデビューが、この衣環境のテーマでした。

健さんとの出会いは11年前、私がまだ独立する前のこと。これからの方向性にかなり悩んでいたときでした。そこで、今の状態から抜け出る何かのきっかけになればと思い、健さんが行う個人コンサルを受けてみることにしたのです。

そしてコンサル当日。夢中になって話していると、あっという間に残り時間が5分になっていたようで、健さんからこう尋ねられました。

「ところで、三上さんがどんなことを提供しているか、まだ聞いてなかったですね」

そこで、言葉より体験が伝わりやすいと思い、両腕を使った身体のバランスチェックを行いました。すると、両腕に左右差があり、両肩の筋肉の緊張差もあり、左肩の筋肉には強い痛覚反応もあったのです。

健さんは驚かれた様子で、「うわ〜、何かバランスを崩してるってことだね。原因も分かるのかな？」と興味深く聞かれました。

すぐに筋肉反射テストでチェックしたところ、履いているスリッパに反応が出ました。そこでスリッパを脱いでもらい、再度バランスチェックをすると、両腕の左右差がほぼなくなり、左肩の筋肉の痛覚反応も消えていたのです。

健さんは「何これ。どういうこと？　このスリッパが良くないの？」と驚かれていたので、すぐに原因をチェックすると、先程のメガネと同じく〝扱い方〟でした。

そして少し説明をし、思い当たるところでスリッパとつながっていただくようにお伝えしました。

そのとき、健さんのモードが瞬時に変わり、スリッパを両手であたたかく包み込む姿に引きこまれたのを覚えています。

そして再チェックすると、スリッパは見事にプラスエネルギーにシフトしていました。再度履いてもらってバランスチェックをしたら、健さんの身体の左右差も全くなくなっていたのです。

「うわ〜すごい。これは面白いよ。やっぱりモノへの愛と感謝を大切にしないと駄目なんだね。スリッパ一つでこれだけエネルギーが変わることを、もっとたくさんの人に知ってほしいね」

と嬉しいお言葉をいただきました。そう、これが忘れもしない健さんのファーストLECセッションとなったのです。

先程のメガネやこのスリッパのように、モノにネガティブ反応が出ると、「これは悪い、もう使えないね」と否定判断だけで終わりがちです。

しかし、そのネガティブエネルギーの背景には、「もっと大切にしてほしい」「もっと愛してほしい」という想いが潜んでいるかもしれません。それを知ったら、モノの見方やモノへの接し方が、きっと変わっていくはずです。

ライフエネルギーポイント

モノのネガティブエネルギーには、愛情不足のサインが潜んでいる

●身に着けるものは、自分の一部として大切に扱う

このように、身に着けるものは元々の素材の影響だけでなく、置き場所、そして何と言っても扱う人の愛情次第でエネルギーが変わってしまいます。

他にも事例として多いのが、ペアの指輪や時計、ネックレスなどで、こうしたものにはパートナーシップの状態がエネルギーとして表れやすい傾向にあります。

また、腰痛のときに使うコルセットや関節サポーターも、要注意です。〝困ったときの神頼み〟で、痛みがなくなった後は放置しがちですが、そうするとエネルギーが下がりや

すく、その状態で置かれることになります。すると、次に痛みが出たときにそれを使っても、思うような効果が得られなかったりします。

価格の高いモノは良質の素材を使っていたり、丹精こめて作られていたりするので、プラスエネルギーのモノが多い傾向にあります。しかし、持ち主の愛情やリスペクトが足りないと、急低下する側面も（エネルギーが低い状態だと気づいたときの、持ち主さんのショックの度合いも大きいです）。

逆に安価なモノでも、気に入っていつも大切に愛情を注いで使っていると、最初のエネルギーが低くても、気づいたら数倍エネルギーアップしていた、なんてことも起こり得ます（それに気づかれたときの感動の度合いも大きいです）。

クライアントの皆さんにはいつも、**「身に着けるものは、自分のエネルギーの一部として扱ってください」**とお伝えしています。そう意識して扱うだけで、愛情が深くなったりするものです。

衣類にしても、貴金属にしても、1日が終わってはずすときに、「今日も1日ありがとう」と感謝する。あるいは、1日をスタートするときに、「今日も1日よろしくね」という想いで身に着ける。それだけで、エネルギーはどんどんアップしていきます。

☆エネルギーを衣環境（身に着けるもの）に活用する3つのポイント
① 自分の一部として大切に扱うことで、モノのエネルギーが高まり、自身の身体のバランスとエネルギーも整う。さらに互いのエネルギーを高め合うことができる。
② エネルギーが高いモノを身に着けていると、高いパフォーマンスを発揮できる。
③ エネルギーが高い状態のモノほど、品質を保ちやすく、長持ちしやすい。

食環境とエネルギー

身体は、日々口から入るものによって作られています。

体内に入ったものが、身体の隅々にある一つひとつの細胞を作る大切な材料になり、それが生命エネルギーを生み出しています。

しかし、一昔前は「野菜を食べること」で得られていた栄養価が、近年では変わってきました。「良質でエネルギーの高い野菜を食べること」という意識がないと同じ栄養価が得られにくくなったので、選ぶ野菜によってはプラスにならなかったり、かえって食べないほうがいいケースもある時代になったのです。

では、エネルギーが高い食べものとはどういうことでしょうか。ここからは、エネルギー視点で捉えるバランスのいい食生活や、サプリメントの摂り方のポイントなどを、いくつか事例を紹介しながらお話ししていきましょう。

●エネルギーの高いものを食すことが真の節約になる

私が日々クライアントの皆さんにおすすめしているのは、「エネルギーの高いものを摂取してくださいね」ということです。ここでいう「エネルギーの高い食べもの」とは、決して「高カロリー」という意味ではありません。食すことで自分自身のライフエネルギーが高まるものを摂取してほしいということです。

例えば、100馬力と200馬力の車が同時にスタートした場合、当然200馬力の車が100馬力よりも半分の時間で最高速度に到達します。

これを私たちの身体に置き換えてみましょう。すると、ライフエネルギーを高めたり、体質改善を促進したりするには、同じ水や野菜でもエネルギーが高いものほど、その効率が高まるのは必然ですね。

一つの事例をご紹介します。

クライアントのKさんの相談は、お腹の調子が悪い状態が続いていて、病院で検査を受けてみたものの特に異常がない、というものでした。

私がチェックしたところ、反応が出たのは、定期的にスーパーで買っているパウンドケーキでした。聞けば、徳用袋に入った小さなパウンドケーキを、ほぼ毎日5個以上食べているとのこと。

そこで私は、美味しいと定評のあるケーキ専門店で、愛情込めて丁寧に作られたパウンドケーキを食べてみることを提案しました。スーパーのものと比べると高価なので、毎日というわけにはいきません。3~4日に1回ぐらい、1回あたり1個のペースで食べるようすすめました。すると、「これだけで満足できるようになりました」と、嬉しそうに報告してくれたのです。

余談ですが、パウンドケーキのドカ食いの習慣を改めたことで、もともと体型がふくよかなのを気にされていたKさんの体重も、ジワジワと減っていきました。

実はエネルギーという観点でみると、エネルギーが低いものほど、量をたくさん食べないと満足できないのです。逆にいえば、エネルギーの高い食べものは、少量でも満足できます。「質の高いもの＝高価」というイメージを持たれる方が多いと思いますが、その値段の分だけ愛情や手間がかけられていることを忘れてはいけません。

また、少量でも満足度が高いので、安いもの（＝エネルギーの低いもの）を大量に食べるより、お得ではありませんか？　医療費やダイエットに費やす費用もなくなるので、トータルで考えれば大きな節約につながるのです。

まずは、今までよりエネルギーが高いと思うものを食べてみて、味と満足度の違いを実感してみてください。あなたの節約に対する考え方を一新する機会になるかもしれません。

ライフエネルギーポイント

エネルギーの高い食べ物は、お腹も懐も満たしてくれる

●エネルギーバランスの良い食生活とは？

「食生活はバランスが大切」とよくいわれます。栄養学的にも1日に30品目食べましょうという話をよく耳にしますね。

栄養バランスを考えることはとても大切で、それを否定するつもりはありません。ただもう一つの視点を取り入れると、より食生活を楽しみながら健康になっていくことができます。それが「エネルギーバランス」という視点です。

これは私自身の体験を事例にお話ししていきましょう。

まずは幼少の頃から、母親によって徹底された食生活3原則を紹介します。

・甘いものを食べてはいけない
(プール後にもらうイチゴミルク飴は、舐めずに持って帰った記憶しかありません)
・添加物や保存料が入ったものは食べてはいけない
(外食やコンビニのものを食べるときはド緊張でした)
・インスタント食品は一切食べてはいけない
(インスタントラーメンのデビューは20歳を超えてからです)

この3原則を、私は90%以上やり抜いたと胸を張って言えるのですが、その結果はというと……。小学校の同級生の中で、唯一アトピー&喘息を発症し、苦しんでいました。

当時の私は、友達よりこれだけ徹底的に健康にいいことに取り組んでいるのに、なぜ自分だけこんなに不健康で苦しまないといけないんだろうと思っていました。

当時の私にはそれを解明する気持ちの余裕もなければ、視点もありませんでした。

その後、いろいろなご縁と出会いの中で謎が解けてきて、一つの結論にたどり着いたのです。それは、**健康になるために必要なのは、正しいことをやり通すことではなく、「偏らないよう、バランスを意識すること」**だということです。

この真実に気づけたことが、アトピーの改善につながりました。それだけではなく、私の人生をがんじがらめにしていた大きな呪縛を解き放ち、自由と豊かさを与えてくれたのです。

最近では、糖質制限がブームですが、これを言い換えるなら、「甘いものを食べてはいけない」という食事法です。確かに糖質過剰は脂肪を増やし、体重増加や高血糖を招き、病気のリスクを高めます。

だからといって、一切甘いものを食べないというのは極端ではないでしょうか。「エネルギーバランスを意識する」という視点で捉えると、「昨日は糖質過剰だったから、今日は控えよう」となります。あるいは「昨日は糖質過剰だったから、今日はウォーキングやランニング時間をいつもより増やそう」でもいいでしょう。

「〜してはいけない」というのを基準にすると、「そうできなかったらどうしよう」という恐れと「実際にできなかった」という罪悪感で自分を縛り、追い込むことになってしまいます。

私自身も「～してはいけない」と「できなかった」が、アトピー改善の大きなブレーキの一つになっていたように思うのです。

毎日の食生活に「エネルギーバランス」という視点を加えることで、心にゆとりが生まれます。その習慣が、あなたの食生活をより楽しみなものにし、かつ、ライフエネルギーを高めて健康に導くものとなるでしょう。それが最終的には、人生に豊かさをもたらしてくれるのです。

ライフエネルギーポイント

栄養とエネルギーバランスが、幸せな食生活を彩る

●サプリメント効果を高める決め手になること

30代のOLのYさんはひどい便秘に悩まれており、常連クライアントさんのご紹介で私のセッションに来られました。話を聞くと、「便秘改善のためにサプリメントを毎日しっかり摂っている」とのこと。しかし、「半年経っても全然改善しないんです。こちらに来たら、サプリメントの相性もチェックしてもらえると聞いたので……」と言いつつ、カバンから大量のサプリメントを取り出しました。それが10種類以上！　思わず「これだけの種類を毎日ですか⁉」と口にしてしまったほどです。

そこで、筋肉反射の作用を使い、各サプリメントで身体のエネルギーチェックをしてみると、3種類のみの組み合わせが最良という結果となりました。つまり、残りのほとんどのサプリメントは不要という反応が出たのです。

Yさんは「え～、3種類だけで本当に大丈夫ですか？」と半信半疑でしたが、「まずは身体の反応通りの組み合わせを、実験感覚で1ヶ月間やってみましょう」とお伝えして、取り組んでもらうことにしました。

そして、1ヶ月後のセッションでは……。

会ってすぐに、「先生、前回のセッションから3日で腸が動き出して、それから今日まで全く便秘になっていないんです！　こんなにサプリを減らしたのに不思議です！」と、喜びと困惑が混ざった表情で報告してくれました。

このように、一つひとつのサプリメントをエネルギーとして捉えたとき、**組み合わせによっては、エネルギーを高め合えるシナジー効果（プラス相互作用）と、低下させ合うアナジー効果（マイナス相互作用）のどちらもが存在するのです。**

もし、今使用されているサプリメントで思ったような効果を得られていない場合、一度、「組み合わせを見直す」という選択を視野に入れてみるといいでしょう。単に補給したい栄養素を揃えるだけでなく、素材や吸収率から組み合わせまで考慮してサプリメントを選ばないと、エネルギーを高める身体づくりにはつながらないのです。

ライフエネルギーポイント

サプリメントの効果は、質と組み合わせで決まる

●美味しいというエネルギーの背景にあるものは……

最後に、食のエネルギーに関する不変の原則をお伝えしたいと思います。

あなたが〝美味しい〟と感じる感動エネルギーとは……**生産者が手間ひまかけて込めた「愛情と想い」というエネルギーに、飲食店や販売店などの空間エネルギーが加わり、加工や調理に関わるスタッフの方々の温かいおもてなしのエネルギーも加わって育まれる、**目には見えない大きなエネルギーだということです。

この原則は今も昔も、そしてこれからも変わることはないでしょう。

☆エネルギーを食環境（食生活）に活用する3つのポイント

① エネルギーが高い飲食物を摂取することで、一つひとつの細胞が活性化し、それが元気で若々しい自分づくりにつながっていく。

② エネルギーが高い飲食物は、自然を重視し、一つひとつの工程を大切に作られるので、好みを超えて感動するぐらい美味しい。

③ エネルギーが高い飲食物は、関わる人々の愛と想いが詰まっているため、摂取することで癒され、豊かな心を育んでくれる。

住環境とエネルギー

住んでいる土地や住まい、オフィスといった空間エネルギーの状態は、身体だけでなく、人生や運気にまで影響を与えています。風水学にも、その視点の要素がたくさん盛り込まれています。

空間エネルギーを整える上で大切なポイントを、事例も紹介しながらお話ししていきましょう。

●掃除嫌いが掃除好きになる？

ご夫婦で会社経営をされているTさんは、やはりご夫婦そろって私のセッションを受けてくださっています。

あるとき、奥様が来られてすぐに、こうおっしゃいました。「先生、この前のセッションで主人に何を言われたんですか？　何度言っても掃除しなかった主人が、帰ってきたら部屋に直行して、掃除を始めたものだから驚いて……」。

一体何が起こったと思いますか？

実はさかのぼること一週間前、ご主人のセッション時に体調不良の背景をチェックしたところ、栄養不足という反応が出ました。意外な反応にご主人は、「ちゃんとサプリメントも摂っているから、そんなことはないはずだけど……」と不思議そうです。

そこで摂取しているというサプリメント自体のエネルギーをチェックすると、なんとマイナス反応（エネルギーダウン）が出たのです。「以前チェックしてもらったときはプラス反応だったのに、なぜ……」とご主人は困惑気味でした。

さらにチェックを進めると、マイナス反応の背景には、置き場所の影響を受けていることが判明したのです。

「思い当たることはありますか？」と私が尋ねると、ご主人は、「机の上だけど、書類やモノで散らかっていて、掃除もしばらくしてないな」とばつが悪そうにおっしゃいました。

このように、掃除や整理整頓ができていない場所では、空間エネルギーがマイナスになったりダウンしたりすることが多々あります。

そして、この環境下に置かれているモノは、最初はエネルギーが高い状態でも、気づかないうちに影響を受けて低下していくのです。

ご主人は、置き場所のエネルギーが、大事なサプリメントに影響を与えていることを理解されました。その瞬間に、ご主人に価値観の変容が起こり、掃除嫌いが掃除好き（大切）に変わったのです。

あなたはいかがでしょう？　どのような環境に、自分の大切なモノを置いたり、保管したりしていますか？

せっかくお金や時間をかけて手に入れたモノが、空間や置き場所の乱れによって知らず知らずのうちにエネルギー低下を起こしているとしたら……。そして、その効果が落ちているとしたら……。

実にもったいないことですよね。もし、思い当たるふしがあるなら、できることから一歩を始めてみてください。

ライフ
エネルギー
ポイント

空間エネルギーはモノのエネルギーを変える

●電磁波ストレス環境を整える

ここ10～15年くらいの間に携帯電話はもちろん、ＩＨ調理器やＷｉ－Ｆｉなどの通信機器が急速に普及するようになりました。おかげで生活の利便性が高まり、私たちは数々の恩恵を受け取っています。

しかし一方で、気づかないうちに忍び寄っていた弊害もあります。15年前に指摘されていたことの一つに、携帯電話が普及してから、脳腫瘍の罹患率が増加傾向を示すデータが出ていたのです。

当時はまだ仮説段階で、大きく取り上げられることはありませんでしたが、私はセッションを通じて実感していました。というのも、クライアントさんが訴える原因不明の症状の背景に、電磁波が原因であるケースが多くなっていたのです。

そして、必要な対策を講じてもらうと、症状が改善するクライアントさんが多くいらっしゃいました。

私が見るところ、脳や自律神経に一定のストレスが積み重なることが、脳内トラブルはもちろん、様々な全身症状の原因の一つになっていることは否めません。

さらにコロナ禍の影響で、リモートワークやステイホームが始まったことにより、PCやスマートフォンに接する時間が長くなりました。また、テレビやYouTubeの平均視聴時間が増加傾向にあるという報告もあります。

「第5世代移動通信システム（=5G）」が普及したこともあり、この1~2年で電磁波ストレスによる心身不調を訴えるクライアントさんが激増しています。

電磁波が身体によくないという知識は、皆さんもお持ちでしょう。しかし、今の自分の不調の原因が電磁波による影響だということを認識したり、自覚したりしている方が少ないのが現状です。

例えば、電磁波によるストレスは、次のような形で身体に現れます。

【電磁波ストレスが一因で起こる身体症状】
頭痛、頭重、めまい、不眠症、悪夢、眼精疲労、目の充血や結膜下出血、目がうつろになる、肩こり、寝違え、手足のしびれ、髪のトラブル（薄毛や白髪等）、頭皮トラブル　など

【電磁波ストレスが一因で起こる心の症状】
ネガティブな思い込みや信じ込み、疑い深くなる、無気力、無関心、意欲低下、集中力低下、悲観的になる、被害者意識・被害妄想を抱きやすくなる　など

※自律神経に一定のストレスを与え続けていることで、全身症状の一因になっている可能性が高い。

あなたや周りの大切な人が、こうした原因不明のスッキリしない心身症状に悩んでいないでしょうか？　もし、そうであれば、この目に見えない電磁波ストレスの影響を、想像以上に強く受けているのかもしれません。

では、目に見えない電磁波から身を守るために大切なことは何でしょうか。

一つは、電磁波を発している機器を知り、シールドなどの対策を講じることです。

また、対策を講じることに加えて、「意識的に自然回帰の時間をとること」もおすすめです。特に森や滝、小川などの付近はマイナスイオンが多く、中和されやすくなります。

さらに、その自然の空気のいい中で、ひと汗かくぐらいの運動ができれば、よりデジタルストレスの解消につながるでしょう。

【電磁波対策が必要なもの】
携帯電話
パソコン
タブレット
テレビ
ＩＨ調理器
冷蔵庫
電子レンジ
エアコン
Wi-Fi ルーター
ドライヤー
自動車（ハイブリッド車、電気自動車）
カーナビ etc.

ライフエネルギーポイント

原因不明の体調不良の場合、一度、電磁波の影響を疑ってみる

●住まいをパワースポットにするための3つの秘訣

「パワースポット」という言葉があります。今はかなり一般的に使われていますが、では「パワースポットって何?」と聞かれたら、皆さんはどう答えますか?「パワーが高い場所」というような曖昧な答えになりませんか。

私がお伝えしているパワースポットの定義とは、

「目に見えないものやスピリチュアルといわれるものに興味や関心がない人でも、この場所にいると不思議と居心地よく感じたり、ずっといたいと思えたり、また来たいと思える場所etc……」

です。

他よりエネルギーが高いということは、そういったことに関心のない人でも、理屈抜きに他の場所とは違う心地よさや快適さを感じるぐらいエネルギー差がある、ということになります。

そして、なんといってもエネルギーの高い場所ほど、深呼吸しやすく、空気が美味しく感じられるのが最大の特徴です。

このような話をすると、自分の今の住まいのエネルギーはどうなのか、と気になるでしょう。新しい住居やオフィス物件を探す場合は、なおさらです。実際、私も「パワースポットレベルの物件を探しているので、チェックをお願いします」という依頼もいただきます。

しかし、そういうとき、私は「パワースポットは探すものではなく育むもの」とお伝えしています。よく考えてみてください。現在パワースポットといわれる場所も、最初からそうだったわけではないのです。そこに人々が愛情を注ぎ、手間ひまをかけ、その積み重なったエネルギーの結集がパワーを生んで、「パワースポット」になったのです。

では、今いる場所をパワースポットに育むために、空間エネルギーを高める3つの秘訣を紹介しましょう。

1つ目は、**「住んでいる人の身体と心の調和」**です。

お金を出して一等地といわれるところに土地を買い、一流のハウスメーカーに建築を頼み、最高級の内装や家具、生活用品を揃えたとしても、高いエネルギー状態をずっと保てるわけではありません。住んでいる人の身体と心の調和が乱れた状態が続くと、最初はエネルギーが高くても次第にダウンしてしまうのです。

逆に、住んでいる人みんなの身体と心の調和がとれている、つまりライフエネルギーレベルが高い状態の人が多ければ多いほど、空間エネルギーもどんどん高まっていきます。

空間エネルギーを高めたいと思ったら、まず、あなたの、そして家族や仲間の身体と心の調和を見直してください。調和がとれていれば、共有している空間エネルギーが高まって、パワースポット化が促進されていくのです。

2つ目は、**「リビングと寝室の美を保つ」**です。

先日、久しぶりに、パワースポットといわれる伊勢神宮の内宮と鞍馬寺を訪ねました。

そのときに感じたのは、どちらも共通して隅々まで手入れが行き届き、整然としていることとでした。思わず「美しい」と言葉に出たぐらいです。

同じことを住まい全体に施すのは至難の技でしょう。ですが、長く滞在するリビングと寝室だけはコツコツ時間をかけてでも、「美しい」と言えるぐらいまで追求してみてください。愛情を込めた掃除と必要な整理整頓を定期的に行うことが、その空間を高いエネルギー状態に保ってくれます。

もしくは、目立つところのホコリ取りや整理をし、1年間使用していないものを捨てるだけでも、エネルギーは上がります。まずは取りかかりやすいところから始めてみてください。

3つ目は、**「自分が愛情を注ぎ続けられる環境づくり」**です。

住まいの中には、好きで魅せられて購入した家具やカーテン、カーペットなどや、ギフトでもらった食器や額などの飾りものがいろいろあると思います。

そうした好きで気に入って愛を注いでいたものも、だんだん熱が冷めて愛を注げなくなり、時には存在すら忘れてしまったりするでしょう（人間関係に置き換えたら悲しくなりますね……）。

そのように放置されたものが空間に存在していると、住まいのエネルギーは次第に低下していきます。大切なのはその事実に気づき、放置せず、工夫をすることです。位置を変えたり、季節によって変化をつけたり、時には新しいものに換えることで、エネルギーを高めることができます。

こうして見てくると、心の健康がないと2番目に必要な〝美感覚〟が鈍り、3番目に必要な〝気づく心〟が保ちにくくなることを、改めて理解できるのではないでしょうか。

住まいづくりは、あなたの身体と心の調和がとれているときは、ワクワク楽しく取り組みやすいものです。しかし、調和がとれていないときは、億劫になったり面倒くさくなったりしがちです。そうした自分自身の感覚が、身体と心の調和の一つのバロメーターにもなります。

ライフエネルギーポイント

住まいのパワースポット化の秘訣は、まず住んでいる人の心の健康から

●空間エネルギーの高さが人や良縁を呼ぶ

ここまで、衣食住それぞれのエネルギーを見てきましたが、いかがでしょうか？ そうしたエネルギーは密接につながり合い、相互に影響を与え合っていることをお分かりいただけたと思います。

せっかくお金を奮発して購入したエネルギーの高い衣服やアクセサリーも、保管している空間エネルギーの影響で、エネルギーが低下することはよくあります。逆に、空間エネルギーが高まったことで、エネルギーの低かった衣食類のエネルギーが高まる現象を、日常の光景として目の当たりにしています。

その度に、「このことをもっとたくさんの方に知ってもらったら、もっと世界に笑顔の輪が広がるのに……」、そんな想いが湧いてきます。

エネルギーの高いところに人は集まり、ご縁が広がるといわれます。

実際に空間エネルギーを整えたり、今よりエネルギーの高い場所に環境を変えたクライアントさんに伺うと、新しいパートナーができた、ビジネスの発展につながるご縁に恵まれたという朗報が日常的に入ってきます。

伊勢神宮や鞍馬寺のような歴史的に由緒のある神社仏閣。

ディズニーランドやＵＳＪのようなテーマパーク。

いつもたくさんのお客様が来店するお店。

いつも笑い声が絶えないお家。

こうした空間の規模は違いますが、共通で存在しているのは「愛が時間をかけて育まれている」ということです。

一瞬の愛ではなく、受け継がれ、育まれた愛のエネルギーがそこにはあるのです。

ライフエネルギーポイント

空間エネルギーを高めるのは、育まれた愛の存在

☆エネルギーを住環境（空間）に活用する3つのポイント

①リビング、寝室など長い時間、滞在する空間のエネルギーを高めておくと、癒しと回復の質が良くなる。

②モノは、置かれている空間エネルギーの影響を受けるので、そのエネルギーを高めることで、モノのエネルギーも高められる。

③エネルギーの高い空間は居心地が良く、自然に人が集まり、オフィスやお店のお客さんの流れがよくなる。

●セルフチェック：自分に合う衣食住エネルギーの見極め方

衣食住環境が、いかに私たちのライフエネルギーに影響を与えるか、そして、それは目に見えたり確認できたりはしないけれど、確かに存在していることを理解いただけたでしょう。

ここでは簡単にセルフでもできるエネルギーチェックの方法と、それを使って相性チェックをする4つのステップをご紹介します。

1．基本のセルフエネルギーチェック法を一つセレクトして、左右差を確認する（2つセレクトしてもOKです）。

2．衣食住環境のチェック対象に対して、「触れる」「見る」「イメージする」のいずれかの方法を設定する。

3．脳（潜在意識）に対して、「このチェック対象が自分にとってプラス（エネルギーを高めるもの）

❶
チェック❶
チェック❷
片方だけでもいい(両方やってもOK)
左と右重いのはどっち？
それとも同じくらい？

❷
触れる
見る
イメージする

であれば、『（身体のバランスが）整う』で教えてください」とお願いする。

※このように脳にお願いすることをマインドセットといいます。

（例）

❖このアクセサリーが、自分にとってプラス（エネルギーを高めるもの）であれば、『（身体のバランスが）整う』で教えてください、とマインドセットします。

4．1で選んだ基本のセルフエネルギーチェックを再度行って、左右差を確認する。

❖最初より左右差がなくなる（軽い）感じがした場合↓相性がいい（エネルギーが高まるもの）

3
この○○は
私にとって
プラスであれば
体のバランスが
整うでお願いします。
4
チェック2
チェック1

もの）

❖最初より左右差が強くなる（重い）感じがした場合→相性が悪い（エネルギーが低下するもの）

という判断結果になります。

※1　飲食品や空間も同じように「この飲食品が自分にとって……」「この空間が自分にとって……」とマインドセットをかけてください。注意点として、包装されている飲食品は「中身の飲食品」を設定することがポイントです（例・米袋ではなくお米そのものをイメージしてチェックすること）。

※2　比較するものがある場合は、「よりどちらがプラスか整うほうで教えてください」と設定してチェックしてみてください。

※3　チェックするものが複数あって組み合わせが存在する場合は、いくつかのパターンの組み合わせを設定し、触れる、見る、イメージするのいずれかの方法でチェックします。「一番軽い」「ラク」という感覚を基準にセレクトしてください。

最初は正解・不正解に囚れず、遊びやゲーム感覚でどんどんトライしてみるといいでしょう。すると、ある日、ある時に、「分かる！」「違う！」という感覚を体験するはずです。すると、それがきっかけとなって、不思議なぐらい〝違いが分かる体験〟が増えていきます。

衣食住環境のどのテーマにおいても、まずは心を込めて『ありがとう』と7回唱えるだけでも、エネルギーは上がります。ぜひトライしてみてください。それを続けていると、自分の心が穏やかになる時間が増えたことにも気づけるでしょう。

☆衣食住環境のエネルギーを整える5つのこと

1　あなたが身に着けるものは自分の一部として扱う

あなたが毎日身に着ける衣服やアクセサリー類をモノとして扱うのではなく、自分の一部として扱うことが、衣環境のエネルギーを整える第一歩になります。

自分の一部として捉えるというのは、身体の一部のようにみなすこと。その前提でやっていただきたいことはたった一つです。

それは1日の最後に、その日身に着けた衣服とアクセサリーに対して、手で触れるか、包み込むかして、「今日も1日ありがとう」と、心を込めて感謝のエネルギーを注ぐだけです。

そのとき身に着けているのなら、エネルギーが整った瞬間に、身体が緩む感覚やあたたかさを感じることで実感できるでしょう。

2 食の命と愛に感謝する

食事のはじめに「いただきます」を言いますが、この「いただきます」が食環境のエネルギーを整える上で大切な行為になります。

ただし、目の前の食事を、ただ「いただきます」という気持ちだけで言うのではありません。動物や農作物の命をいただくことや、一生懸命に料理をしてくれた人の愛に対する感謝を込めて、「いただきます」と言いましょう。

その行いが飲食物のエネルギーを高めると共に、あなたの身体を整えるエネルギーになります。そして何よりも、美味しさが断然アップするので、ぜひ食べ比べをしてみてください。

3　節約とご褒美の二刀流を大切にする

衣食は毎日のことですからこだわりたいと思う反面、当然ながら一定の費用も発生するのが悩ましいところです。

そこでおすすめなのが、節約とご褒美の二刀流です。

出費を考えて節約ばかりしていても、つまらない気分が続いて、エネルギーが下がりがちです。逆にご褒美ばかりでも、慣れてくるとエネルギーは停滞してしまいます。それに出費のストレスで、エネルギーが下がるかもしれません。

それを、節約とご褒美の二刀流でいくことでクリアできるのです。

例えば月に一度、または週に一度、自分へのご褒美として、好きなワクワクする衣服やアクセサリーを買って身に着ける、心が喜ぶ食事をするといったメリハリをつけるのです。すると、エネルギーが活性化して整っていくでしょう。

4　深呼吸したくなる空間をつくる

場や空間のエネルギーが高いところ、パワースポットといわれるところの共通点は、「自然に深呼吸したくなる場所」ということです。それは結果的に、「自然に長い時間でも過ごしたい場所」になります。

そのような場づくりをするための大切な3つのことをお伝えします。

・定期的に整理整頓と掃除をする（一気にではなく、少しずつの積み重ねが継続の秘訣です）。

・心がホッとする観葉植物や置物を置く。

・自分の気分が良くなる壁紙やカーテン、絵画などを飾る。

5　衣食住環境からも愛されている意識をもつ

愛着とは、一般的には人からモノに対しての一方通行のイメージがあります。ですが、よくよく考えてみてください。こちらからの愛情不足でエネルギーが下がるということは、モノにも愛し愛されたいという意思があるのです。もし、それがなければ無反応になるでしょう。

つまり、衣食住環境のほうからも、愛のエネルギーがいつもあなたに注がれているのです。それを思うと、こちらからの愛も、さらに湧いてくるのではありませんか？

衣食住環境のどの対象においても、相手からの愛を意識して感じながら、心を込めて7回「ありがとう」と唱えてみてください。たった7回だけでもエネルギーが上がります（続けていると、自分の心の穏やかな時間が増えることにも気づくかと思います）。

読者特典
メルマガ登録者全員にプレゼント

エネルギーが整うシール

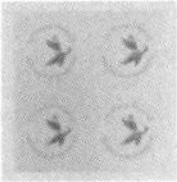

『Healing＆Dynamismステッカー』

お申込みは
こちらから

無くなり次第終了となります。

＊既にメルマガ登録されている方も郵送になりますのでお申込みください。

LECのコンセプトでもお伝えしている人生の中で
大切にして欲しいふたつのエネルギー、それは

『Healing＆Dynamism(癒し＆躍動)』です。
癒やしはエネルギーを受けとること
躍動は自分がワクワクすることにエネルギーを発揮すること。

そのふたつのエネルギーをいつも大切にしてもらえるように…
その想いを込めてロゴと文字を刻みました。

素材、カラーも厳選して、貼るパワースポットレベルの
エネルギーステッカーが完成しました。

ぜひ受けとっていただき、お気に入りのアイテムや
エネルギーを高めたい場所、スポットに貼ってご活用ください。

初出版

『エネルギーを整える。』

三上隆之　著

第3章

人間関係とエネルギー

悩み相談で一番多いのが人間関係だといわれます。人間関係には喜びや幸せと同時に、怒りや悲しみ、寂しさといった感情もたくさん存在するため、悩みも多く存在するのです。

しかし、人間関係をエネルギーの視点で捉えてみると、また違った人間関係の世界が見えてきます。そこでエネルギーがどのように作用しているかを理解することが、今のあなたの人間関係の悩みを改善することにつながるのです。

●人間関係はエネルギーで築かれている

私たちはしばしば、「あの人とは気が合う」とか「この人とは気が合わない」などと言います。相性が合う・合わないということをこのように表現するのですが、これらの言葉にはどちらも「気」という言葉が入っています。この「気」こそが、まさに「エネルギー」そのものなのです。

想像してみてください。あなたにとって、気が合う人とはどんな人ですか？　あなたにとって、気が合わない人とはどんな人ですか？　それぞれに思い浮かぶ人物がいることでしょう。

「気が合う」とは、エネルギーの視点で捉えると、「お互いのエネルギーが引き合う状態」です。一方で「気が合わない」とは、エネルギーの視点で捉えると、「お互いのエネルギーが反発し合う状態」と言い換えることができます。

●なぜ気が合う人と気が合わない人が存在するのか

人の身体と心の状態は、意識するまでもなく自然にエネルギーとして表に放たれています。そのエネルギーとは、水面に石を落としたときに広がる波紋のようなものとイメージすると分かりやすいでしょう。この波紋が、人が無意識に放つエネルギーの振動に相当するのです。

「気が合う」とは、このエネルギーの振動数がお互いに近いため、響き合った状態をいいます。逆に「気が合わない」とは、エネルギーの振動数が違うため、響き合わない状態です。だから、気が合う人とは、初対面から親しみを感じたり、時間が経つのを忘れるぐらい楽しくて話が盛り上がったりして、互いのエネルギーを高め合うことができます。

逆に気が合わない人とは、どれだけ時間を過ごしても会話が噛み合わない、気を遣うだけで楽しくない、時間が経つのも長く感じて、互いのエネルギーを下げ合うことになるのです。

これが、気が合う人・合わない人が存在する仕組みです。このことはエネルギーとして人間関係を見ていく上で、最も大切な原理原則になります。それに気づくだけで、「気が合わない人もいて当然なんですね」と言って、気が楽になったというクライアントさんもおられました。結果的に、ストレスレベルを一つ下げるきっかけになったほどです。

●エネルギーでコミュニケーションが変わる

初めての人に会ったとき、話す前から「この人感じがいいな」とか、逆に「この人なんか感じ悪いな」と、瞬間的に感じた体験はありませんか？

よく「オーラ」という言葉を耳にしますが、これは人が無意識に発しているエネルギーが創り出す雰囲気や空気感のことを意味します。「あの人はオーラがある」と言ったりもしますが、これは見た目から人を惹きつける魅力がある人、つまり存在感がある人のことを指しています。

このこともまた人間関係に大きく影響を与えるので、具体的に見ていきましょう。

あなたが安心感、親近感を覚える人を思い浮かべてみてください。

逆に、あなたが威圧感や違和感を覚える人を思い浮かべてみてください。

あなたが抱く安心感や親近感、威圧感や違和感などが、「人から出ているオーラ」です。それが、言葉の有無を超えて与え合い、そして通い合うエネルギーのコミュニケーションなのです。

相手にはまったく悪気がなく、むしろ言葉遣いは丁寧で、こちらに気を遣っている態度であっても、威圧感や圧迫感を覚えたりする場合があります。そうしたオーラを感じた瞬間から身体や心が緊張し、身構えてしまったことはないでしょうか？　その緊張感が継続されたままであると、お互いに心を閉ざしていく傾向にあります。

やっかいなことに、このようなオーラは相手から出ている場合には敏感に気づくのですが、逆に自分が無意識に放っていることには気づきにくいものです。

自分のオーラが分かりにくい場合は、今自分が放っているオーラを「匂い」に置き換えてみるとどうでしょうか？

自然に相手の心が開いて笑顔を引き出す、爽やかフレッシュミント系の匂いなのか。または、相手が気分を害してしまうような、いわば鼻をつまみたくなる悪臭系なのか。時々、自分の匂いを意識してみることをおすすめします。

もしも……、自分の匂いが悪臭系だったとしても、がっかりしないでください。

先ほども触れたようにオーラはエネルギーですから、身体と心のエネルギーが整ってくると、オーラも変わってきます。周りから「威圧感がある」と言われていた人が、「最近、雰囲気が柔らかくなって話しやすくなった」と言われるようになり、自身でも「心穏やかに過ごせる時間が増えた」と感じるようになるのはよくあることです。

エネルギーが整うことによって、心にゆとりを持てるようになると、感性が高まるため、相手の緊張感や萎縮といった、ちょっとした異変にも気づきやすくなるのです。

一方、他人から威圧感を受けやすく、緊張したり萎縮したりしやすかった人も、エネルギーが整ってくると、それまでの受け身だった状態から脱却できます。クライアントさんの中にも、「自分の思っていることを言えるようになりました」とおっしゃる方が多くいます。

エネルギーが整うと、自分の意思を素直に伝えないことにストレスや苦しさを感じるため、自分の思っていることや感じたことが、思わず口をついて出てくるようになるのです。

そうやって変化することで、タイプや性格の違う人同士が分かり合えたり、距離が近づく方向へ改善したりするケースも珍しくありません。

どちらかのエネルギーが整うと、ふたりの間で滞っていたエネルギーの流れが動き出し、結果的にコミュニケーションというエネルギーのキャッチボールがスムーズにできるようになっていくのです。

ライフエネルギーポイント

コミュニケーションはエネルギーで変わる

●「誰が」よりも「どこが」好きか嫌いかにフォーカスする

人はお互いの放つエネルギーを感じながら、コミュニケーションを取ったり、人間関係を構築していくことがお分かりいただけたでしょうか。

では次に、気が合う・合わないそれぞれの間で、どのようなエネルギーが動いているかを探っていきましょう。

その上で鍵になる感情のエネルギーが2つあります。

それは「好き」と「嫌い」です。一般的には、好き嫌いの感情は直感的なもの、生理的なものとされていますが、そこにどんなエネルギーの響き合いがあるのでしょうか。

例えば、「私はAさんが好きで、Bさんは嫌い」と言っているTさんがいたとします。

そこでTさんに問いかけてみます。

「Aさんのどこが好きで、Bさんのどこが嫌いですか？」

「私はAさんのいつも何かにチャレンジする生き方が好きです」

「私はAさんの人やモノを大切にするところが好きです」

「私はBさんの優柔不断なところが嫌いです」

「私はBさんの自分を優先するところが嫌いです」


そんなふうにTさんが答えたとします。

ここで重要なのが、「誰」ではなく「どこ」にフォーカスしたことです。

Tさんが A さんを好きと感じるのは、Tさん自身が大切にしたいと思っている価値観と同じものが、Aさんの中にあるからです。それを感じたり確認したりできることで、エネルギーが惹き合い、気が合う状態になるのです。

一方、Bさんに対しては、Tさん自身が自分に対して「よくない」とか「直したい」と否定している部分、受け入れていない部分を、Bさんの中に感じてしまったのでしょう。それを確認したことによって、エネルギーが反発して気が合わない状態をつくり出しているのです。


「他人は自分を映し出す鏡」という言葉があります。実は「好き」「嫌い」という感情は、相手だけに理由や問題があるのではなく、自分自身のエネルギーとの呼応によって生まれてくるのです。それを理解することで、「心底嫌い」「絶対に許せない」という人がいなくなったというクライアントさんもいらっしゃいます。

過去に現天皇陛下が結婚観を聞かれたとき、「大切なことを共有できる人、価値観が合う人」と答えられたのは、「気が合う」ということの真髄を捉えたお言葉だと思います。

あなたの好きな人をイメージしてみてください。その人のどこが好きですか？
あなたの嫌いな人をイメージしてみてください。その人のどこが嫌いですか？

人に対する視点が「誰が」から「どこが」に変わるだけで、あなた自身を鏡に映し出せるのです。それが、なぜその人に心が動かされたかの背景と、自分の中にある価値観を見える化する機会になるでしょう。

ライフエネルギーポイント

好きか嫌いは「誰が」より「どこが」の視点を持つ

●「気が合うとき」「合わないとき」が存在する

人間関係をエネルギーの視点で見ていく上で、もう一つ大切な基準があります。

それは「気が合うとき」と「気が合わないとき」という基準です。

価値観やフィーリングが合い、とても気が合うと感じた人であっても、「なんか今日は気が合わないな」というときはありませんか？　例えば夫婦でも、価値観やフィーリングが合ったから結婚したわけですが、喧嘩をするときもあれば、「今日は噛み合わない」と感じる日もあるでしょう。


想像してみてください。

あなたが、気が合う人と「気が合う」と感じるときはどんな状態ですか？

あなたが、気が合う人と「気が合わない」と感じるときはどんな状態ですか？

気が合うと感じるときは、相手との間で空気がスムーズに流れる感じや、心地よい空気を感じていませんか？

逆に合わないと感じるときは、相手との間で空気の滞りやよどみ、居心地の悪さを感じていませんか？

この空気感がまさにエネルギーそのものなのです。

そして、この空気感に「感情が合う・合わない」が掛け合わされるのです。

◆感情が合う
愛↓↑愛（愛し合う）／信頼↓↑信頼（信じ合う）／受容↓↑受容（受け入れ合う）／尊敬↓↑尊敬（尊敬し合う）／認める↓↑認める（認め合う）etc……

◆感情が合わない
愛×無関心／信頼×不信／受容×拒絶／尊敬×軽蔑／認める×否定 etc……

お互いに気が合うと感じているときは、双方から愛、信頼、受容、尊敬、認め合うといったポジティブな感情がエネルギーとして流れ、交流しています。それを感じ合うことで、心地よい感覚になれるのです。

逆に気が合わないと感じているときは、どちらかに無関心、不信、拒絶、軽蔑、否定といったネガティブな感情があります。すると、お互いの間にエネルギーのよどみや滞りが生じるので、互いに違和感を覚え、心地悪い感覚になってしまうのです。

つまり、お互いが心身の調和がとれたエネルギーの高い人同士であれば、「気が合う」と感じる時間が増えるのです。しかし、お互いに、あるいはどちらか一方に、心身の不調和があり、エネルギーが低い状態にあると、「気が合わない」と感じる時間が増えてしまいます。

ライフエネルギーポイント

気が合う人でも気が合わないときは存在する

●ネガティブ感情が愛と絆のエネルギーになる

あなたの人生の中で、長い間一緒に過ごしてきた人や、心から大切と言える人のことを想像してみてください。その人とは、ずっと気が合うときばかりだったでしょうか？　例えば家族。例えば親友や恋人。上司、部下、ビジネスパートナー……。「好きだ」「大切だ」と強く思っていても、時と場合によっては想いが強いからこそ、「許せない」と思うほどのネガティブな感情を抱いてしまうことがあるでしょう。

そんなとき、心の中で強烈に渦巻くネガティブな感情とどう向き合うのか。

何年もその感情に縛られ、苦しみ続けるのか。その感情をきっかけとして、さらに愛や絆を深めていく関係になるのか。はたまたネガティブな感情を手放し、次なるステージに進んでいくのか――。

その感情とどう向き合うのかが、ターニングポイントになります。

そのときの大切な処方箋が、

「ネガティブ感情を癒しと愛のエネルギーに変えること」

です。

これまで多くのクライアントさんを見てきた中で、人生やビジネスにおいて、人間関係がきっかけで頭打ちになったり、思うようにいかなかったりする方には、共通点があるように思います。

それは、深いところに幼少期の親との関係で抱いた心のキズや痛み、そこから生まれた反発感や復讐心が潜んでいることです。もう何十年も前のことなので、ご自身では解消したつもりでいるでしょう。しかし、そのときのエネルギーがまだ自分の内側にあって、メッセージを送っているケースは少なくありません。

「お父さんに言われた一言が許せない」
「お母さんは私を愛してくれなかった」

たとえ時が経っていても構いません。

ネガティブな感情を癒す第一歩は、ネガティブ感情を否定したり、フタをして見ないようにするのをやめること。そのまま認め、大切に感じてあげることです。

例えばお母さんに対して憎しみの感情があるならば、
「私はお母さんに憎しみを感じている自分を愛し、受容します」

と自分の感情を抱きしめながら、自分自身とつながります（声に出しても出さなくてもどちらでも大丈夫です）。

次に、ネガティブ感情とポジティブ感情は表裏一体であることをイメージします。感情はエネルギーですから、強いネガティブ感情の裏側には必ず同じ量のポジティブ感情が存在しています。逆説的に言えば、大きなポジティブ感情のエネルギーがあるからこそ、大きなネガティブ感情のエネルギーが生まれるのです。

今の例で言うと、「お母さんは私を愛してくれなかった」というネガティブな感情は、「私はお母さんのことが好きで、お母さんに愛されたかった」という、お母さんに対するポジティブ感情のエネルギーの裏返しです。

つまり、それだけお母さんを愛し、お母さんとつながりたいと思ってきた。それだけお母さんを大切に思っていたということです。そこに気づくだけで、愛やポジティブ感情が湧いてくる感覚を持つことができるでしょう。

そして最後に可能な限り、正直に、素直に、その気持ちを相手に伝え、気持ちを共有し、分かち合うことです。

「お母さん、私は子どものとき、お母さんに愛されていないと思って寂しかった。それだけお母さんに愛されたかったんだよ」

そう伝えることで、

「実は、お母さんはあのとき、こういう状況で、こう思っていたんだよ」

など、当時の思いや状況を知ることができます。それによって、自分の誤解や思い込みだったんだと気づくケースも多く見られます。

ここまで親子関係を例にお話ししてきましたが、これは兄弟姉妹の関係でも、親友との関係でも、別れたパートナーとの関係でも同じです。

もし、相手が亡くなっていたら……。それでもいいのです。相手を思い浮かべ、「ネガティブ感情を癒しと愛のエネルギーに変える処方箋」を順に行ってください。

これをエネルギーの視点で言うと、相手との間で滞っていたエネルギーが流れ出し、よどみがクリアになる、ということです。

そして、以前よりも大きなエネルギーの循環が生まれ、その人との関係だけでなく、あらゆる人間関係が活性化していくでしょう。

「自分が変わると相手も変わる」の本当の意味

「人には相性があるから、気が合う人とは気が合う、合わない人とは合わない、という事実を受け入れればいいということでしょう」と解釈する方も多いかもしれません。

しかし、これは、気が合う人・合わない人が存在することの浅い捉え方。そう決めつけてしまうのは、もったいないことです。なぜなら、もう少し深めていくと、この「気」を変えることができますし、そうすることで人間関係の可能性を広げていけるからです。

心理学でも人間関係を改善するには、「相手を変えようとするより自分が変わることが大切」といわれます。結果的にそれが「相手が変わること」につながるともいわれています。しかし、この意味を本当に理解していないと、「自分が変わること」とは「自分の悪いところを直すこと」と捉えてしまうでしょう。すると、人によっては自分をどんどん責める方向に進んでしまい、悪循環に陥るケースもあるのです。

では、エネルギーの視点から「自分が変わる」にはどうしたらいいのか。クライアントさんの具体的な事例で解説していきましょう。

結婚願望は強いけれど、内気な性格で人見知りがちなOLのHさん。ある日、急性腰痛を起こし、セッションに来られました。腰痛の原因をチェックすると、Hさんは定期的に婚活をされていたのですが、ちょうど数日前に出会った男性とのことがテーマとなって反応が現れました。

そのことをお伝えすると、きっぱり、「彼はいい人だと思いますが、私には合わないと思います」とのこと。理由を聞くと、「明るくて無邪気でお調子者タイプなので、私そういう人に疲れるんです」と嫌悪の表情でおっしゃいました。

普通なら、それは相性が合わない、気が合わないだけのことと終わらせてしまうケースかもしれません。しかし、実は腰痛が起こる一つの心理的な背景に「欲求と抵抗」があります。エネルギーの視点から見ると、それは「アクセルとブレーキ」と同じく、相反するエネルギーが同時に働いているような状態です。

さらにセッションを進めていくと、Hさん自身が子どもの頃、この男性のように少しおふざけに近い振る舞いをしたことがあると話し始めました。そのとき、お父さんから「もっとおしとやかにしなさい」と否定されていたのです。それ以来、自分のそういった面を抑えて否定しながら生きてきたのです。

そのことに気づいた瞬間、Hさんは変わりました。自分のそういった面が嫌いではなかったこと、お父さんに否定されたことがきっかけで抑え込んできたこと、本当はむしろ好きな自分であったことを再確認したのです。「自分が抑えて我慢してきたことを、自然体で行う彼のことが、ただ羨ましかっただけですね」と涙を流されていました。

最後に腰痛の確認をしてもらうと、すっかり痛みが消えていたので、自分の身体の素直さにも感動されていました。

昔から「腰が引ける」「二の足を踏む」という言葉がありますが、これらの言葉は、まさにアクセル（欲求）とブレーキ（抵抗）のエネルギーが、心理的に同時に働いている状態なのです。その後、Hさんはその彼と見事に結ばれて、人も羨むラブラブパートナーシップを築いていかれました。

いかがでしたでしょうか。気が合う人、気が合わない人は、決して「相性」という言葉だけで片づけられるものではありません。Hさんのようにエネルギーの本質を知ることで、気が合わないと思っていた人が、気の合う人に変わっていくことがあるのです。

「嫌いな人→どこが嫌いなのか、なぜ嫌いなのか→自分の中のどの部分のエネルギーと響き合っているのか」というふうに深めていくと、自分の意外な一面にたどり着けることが多いのです。

あなたも「嫌いな人」「苦手な人」をピックアップして、このプロセスを実行してみてください。思わぬところから人間関係の可能性が広がり、さらに人生の可能性も広がっていくでしょう。

ライフエネルギーポイント

気が合わない人が、人間関係の可能性を広げる

●エネルギーが高まる愛と下がる愛

ここで一つ、あなたに質問です。

愛はエネルギーを高めるものでしょうか？

きっとほとんどの方が「それはそうでしょう」と答えると思います。

しかし、実は愛にもエネルギーを高める愛と下げる愛があります。ここでもクライアントさんの事例から典型例を紹介したいと思います。


大手商社でキャリアを積み、講師としても活躍されている女性のKさん。

あるプロジェクトで上司と意見が対立し、自分なりの色々な考えや思いがあったにも関わらず、それを伝えきれないままプロジェクトは進行。それに平行して体調不良が現れ、私の元にセッションに来られました。

個人セッションでその体調不良の背景を探っていくと、お父さんとの関係性がテーマとして反応に現れました。お父さんには幼い頃から愛されている、大切にされている感覚を持っていて、一見、愛情に恵まれた父娘関係に思えました。ところが探っていくうちに、Kさんが一つの強い思い込みを持っていることが分かってきたのです。

それは、

「お父さんの言うことを聞いていれば間違いない、聞かないとうまくいかない」

というものでした。

実は過去に、お父さんと意見が対立したことがあり、Kさんが自分の思うことを優先して行動した結果、お父さんの言う通り、うまくいかなかったという経験があったのです。そのとき、お父さんに「お父さんの言うことを聞かないからこんなことになるんだ」と言われたそうです。この経験が、Kさんの心の深いところに刻まれました。離れて暮らしている今でも、「お父さんはどう言うかな」という思考が、自然に頭をよぎるとのことでした。

今回の会社の上司との関係はまさに、お父さんとの関係が投影されたものでした。心理学でも、父親との関係は対社会、対男性という形で投影されやすいといわれていますが、それによってKさんの心は萎縮してしまったのです。

当時のお父さんには、もちろん悪意はなかったでしょう。Kさんのことが大好きで、大切で心配なあまり「先回りする愛」を与える形になりました。しかし残念ながら、このような愛は大切な娘のエネルギーを下げる結果になってしまいました。

よく親が子に、あるいは上司が部下に向かって、「あなたのために言っている」と発言することがあります。伝える側にまったく悪意はなく、むしろ意識（顕在意識）の上では相手のことを思って発しているのです。

しかし、受け取る側は敏感に、その言葉の裏にある深層心理を感じとります。本当に自分のことを思って言ってくれているのか。あるいは、その言葉の奥に、〝言う側の都合や恐れ、コントロールしたい気持ち〟があって発せられたものなのか――。

後者だった場合、抵抗や拒絶を示すばかりか、ついには心を閉ざしてしまうことさえあるのです。つまり、その思いや言葉は自分を「高めるエネルギー」なのか「下げるエネルギー」なのかを敏感に察知しているのです。

繰り返しますが、顕在意識では相手を思いやっての言動であり、悪意はありません。だからこそ、私もそのことを意識しています。相手のためを思って言ったことに対し、時々「何を感じたか」あるいは「何を感じているのか」と聞くようにしています。

あなたも、自分が愛だと思う言葉を発したときは、時々聞いてみてください。そうやって相手の気持ちを繰り返し確認することで、本当の意味での「相手を高める愛のエネルギー」を伝えられるようになっていくのです。

自分の都合から生まれた相手を縛るような言葉をかければ、相手のエネルギーは下がります。それをするくらいなら、ただ相手を信じて心から幸せを祈るだけのほうが、純粋な「愛」のエネルギーとして大きな力になります。

エネルギーが高まる愛とは、とてもあたたかく心に響くものであり、それが相手の心を開き、動かします。

まずは、あなたが誰かから、そのような愛をもらったときのことを思い出してくださ い。そして自分が伝えるときは、そのときのあたたかい気持ちで、大切な相手への言葉に心を込めること。それが、本当の「愛」という素晴らしいエネルギーとなるのです。

ライフエネルギーポイント

言葉の奥にある心がエネルギーとして相手に伝わる

●身体と心のエネルギーが向き合う力になる

当時小学3年生で不登校が続いていたAちゃんのお話です。

初めてお母さんに連れられてセッションに来たとき、Aちゃんはお母さんの後ろに隠れながら部屋に入ってきました。そして、セッションはお母さんからの報告で始まりました。

「実は先週、心療内科を受診したとき、先生から特に問題ないから学校に行けるはずと一方的に言われて、気分を害したようです。今日もイヤイヤながら、何とかここまで連れて来ました」

まずはAちゃんの今の状況にアプローチするため、チェックを繰り返しました。すると最優先で出てきたのが電磁波ストレスだったのです。

そこで、何か電磁波ストレスについて思い当たることはあるか尋ねてみると……、なんと、毎晩寝ているAちゃんの頭上で、夫婦の携帯電話2台を充電しているというのです。

第1章でも触れた通り、数々のクライアントさんの事例から、電磁波が健康状態に与える影響は大きいと実感していました。しかも、大人でも様々な不調を訴える人が多いのですから、子どもへの影響は計り知れません。

不登校の理由が電磁波ということに、初めは母子ともにキョトンとしていました。しかし、電磁波ストレスを解除するエネルギー調整をしたところ、Aちゃんのボディバランスが整い、自分でも身体が軽くなったことを実感できたのです。

「すご〜い、お母さんもやってもらったら」

部屋に入ってきたときの緊張からは想像つかない笑顔を見せてくれました。そして、これまでの病院とは違うと分かったのか、安心感が伝わる表情で帰っていきました。

それから数ヶ月間、自律神経も調整しながらセッションを重ね、ライフエネルギー数値の平均が90％前後になってきたある日のこと。

セッションに来られたお母さんが第一声、こう言われたのです。

「先生、奇跡が起きました！」

毎日学校の正門までは行き、そこから入れず家に戻ってくるAちゃんでしたが、その日は帰宅してから、お母さんにギュッとしがみついたそうです。

「お母さん、しばらくこうしていてほしい」

お母さんは、Aちゃんから伝わる熱いエネルギーに応えて、包み込むように抱きしめました。

そのまま15秒ほどが経つと、

「お母さんありがとう。行ってくるね」

と学校に向かい、見事に登校できたというのです。それを聞いたとき、「Aちゃんやったね！　よかったね、がんばったね」と手を叩いて祝福しました。その瞬間は今でも忘れられません。そしてその日以降、不登校は全くなくなったのでした。


昔から、全動物のストレスへの対応は、大きく分けて2つしかないといわれます。それは「戦う」か「逃げる」かです。本質的には「戦う」は「向き合うこと」であり、「逃げる」は「背を向ける」ことを指します。

同じストレスが目の前にあったとして、なぜそうした対応の違いが生まれるのか。それは、まさにストレスを受けている人の身体と心のエネルギー状態によって、感じ方や受け取り方が変わるからです。

ボールの大きさで例えてみましょう。実際のストレスが野球のボールぐらいの大きさだったとしても、エネルギーが高い状態の人にとっては、ゴルフボールぐらいの大きさでしかなく、逆にエネルギーが低い状態の人にとっては、バスケットボールぐらいの大きさに感じられるということです。

結果としてエネルギーが低い人にとっては、さほど大きなストレスでなくても圧倒される感覚になり、「自分には無理」と背を向けたくなるのです。

もし今、あなたに人間関係のストレスがあるのなら、自分の心と身体のエネルギー

エネルギーの低い状態の人にとってはとてつもなく大きく感じるストレスも、
エネルギーの高い状態の人には小さく感じる

状態に目を向けてみてください。それによって、全く感じ方や捉え方が変わり、思わぬ形で変化していく可能性は充分にあるのです。

そして、このAちゃんの事例を参考にしてください。恐れや不安を抱えていても、自分を丸ごと受け止めて愛してもらえていると実感できれば、必要な勇気と強さが湧いてきて、それが大きな一歩を踏み出すエネルギーになるのです。

ライフ
エネルギー
ポイント

心と身体のエネルギーが整えば、ストレスに向き合う力が生まれてくる

●エネルギーで築く理想の人間関係とは

最後に、エネルギーの視点から、理想の人間関係についてお話ししたいと思います。

人と人との間で動いているエネルギーは実はシンプルで、「与えるエネルギー」と「受け取るエネルギー」です。

受け取る人がいて、初めて与えることができます。

与える人がいて、初めて受け取ることができます。

そして、ひとりの人間がエネルギーを与えるばかりになると、エネルギーが不足して、やがてガソリン切れを起こしてしまいます。

そのような中でもエネルギーを与え続けると、最初は喜びからできていたことが、だんだん義務のように感じられてきます。その結果、自分が犠牲になっているという思いが湧き上がり、不満を感じるようになってしまうのです。

また、ひとりの人間がエネルギーを受け取るだけになると、今度はエネルギーが充満しすぎたり、滞ったりするようになります。それが続くと、イライラしたり悶々としたりして、ストレスが溜まった状態になりがちです。

では、理想の人間関係のエネルギー状態とはどのようなものでしょうか。

そう、あなたはもう気づいていますね。

お互いがエネルギーを「与え合う」状態です。

ところがこれが意外に難しく、スムーズにできている人は多くはありません。というのも、それぞれが持っているパターンのどちらかに偏りがちだからです。

だからこそ、エネルギーを与える傾向の強い人は、時々エネルギーを受け取ることを意識すること。エネルギーを受け取る傾向の強い人は、時々エネルギーを与えるようにすること。それが大切になります。


その一つの指標として、おすすめしたい問いかけがあります。

それは大切にしたい人に対して、心から「お互いさまです」と、感謝の思いをもって言えるかどうかです。

言えるときは、お互いのエネルギーを「与え合う」関係が実践できています。逆に言えないときは、「与える」「受け取る」のどちらかに偏っています。そんなときは、どちらを意識する必要があるかを感じてみてください。


では、それぞれの傾向の方へ、おすすめの行動5つを紹介しましょう。これを第一歩として、取り入れやすいところから行動を起こしてみてくださいね。

◆与える傾向が強い人へおすすめの5つの第一歩

・普段、自分でやることや苦手なことを、何か一つ頼みやすい人にお願いしてみる。
・自分の悩みや愚痴を、話しやすい人に素直に話してみる。
・自分が望んでいることを、誰かに伝えてみる。
・自分が心地良いと感じるサービスを受けてみる。
・身近な人に自分の良いところを聞いてみる。

◆受け取る傾向が強い人へおすすめの5つの第一歩

・いつもしてもらっていることを、一度自分でやってみる。
・日頃感謝している人に、感謝を込めてプレゼントやご馳走をしてみる。
・先に自分から笑顔で挨拶してみる（知らない人へはより効果的です）。
・誰かが喜ぶことに時間を使ってみる。
・地域や社会の奉仕活動に参加してみる。

豊かな人間関係を築いている人は、このエネルギーを「与え合う」という関係を、たくさんの人たちと築くことができています。

その関係は、お互いの「愛と感謝」という素晴らしいエネルギーを引き出し合うことができる理想の人間関係といえるでしょう。ぜひあなたも、「お互いのエネルギーを与え合う」を実践して、豊かな人間関係の輪を広げてみてくださいね。

ライフエネルギーポイント

理想の人間関係とは、心から「お互いさま」と言い合える関係

☆人間関係のエネルギーを整える5つのこと

1　気が合う人と定期的に触れる時間を大切にする

人間関係のエネルギーを整える上で、最も大切にしたい習慣は、気が合う人と触れる時間を大切にすることです。

その人といると安心を感じたり、リラックスできたり、話が合って楽しかったりする時間は、お互いのエネルギーを高めます。定期的にそのような時間をとることが、心の調和をつくり、人間関係を潤滑にするエネルギーになります。

2　自分が出している空気感を知る

自分では元気で、穏やかに優しくしているつもりでも、周りの人にはしんどそうに見えたり、イライラを感じたり……。自分が思う空気感と認識が違う場合があります。

そのズレが人間関係を知らないうちにこじらせたり、ストレスを増やす原因になったりもします。

そこでおすすめしたいのが、時々身近な人にどんな空気感が出ているかを聞くことです。ズレは起こるものですが、気づくことで改善する機会をつくれます。

3　どこが好きか嫌いかにフォーカスする

人間関係においては、「好きな人」「嫌いな人」という視点で相手を見てしまいやすいものです。しかし、エネルギーを整える上で大切なのは、「誰が」ではなく「どこが」という視点です。

その人の「どこが好きか、嫌いか」という視点で見ることで視野が広がり、自分の価値観や、逆に自分を不自由にしているこだわりに気づくことができます。

さらに、人への好き嫌いの感情を見つめることで、自分が何者かに気づき、それが自分の可能性を広げる大切なエネルギーになるでしょう。

4 「こんなときがあってもいい」と自分を許可する

「わがままになってはいけない」「自分勝手になってはいけない」「他人に迷惑をかけてはいけない」など、自分に制限をかけたり、許していなかったりすることが多々あると思います。

許可するとは「わがままになる」「自分勝手になる」「他人に迷惑をかける」という許可ではありません。

「わがままなときがあってもいい」「自分勝手なときがあってもいい」「他人に迷惑をかけるときがあってもいい」と、時々そうした自分を認めたり、許可するということです。

そうやって自分への許可が増えると世界観が広がり、人生の可能性が広がります。すると、人の許可もできるようになるので、相手を批判したり拒絶するといった消耗するエネルギーが軽減します。

5 「与える」「受け取る」のエネルギーバランスを大切にする

人と人との間で存在するエネルギーは、「与える」「受け取る」の2つしかありません。

自分の愛や行為でエネルギーを与えることで、喜びややりがいを感じること。与えられるエネルギーを受け取って、喜びや感謝を感じること。そのどちらに偏っても、それぞれにストレスが生じてしまいます。

大切なのはバランスです。その基準は、「お互いさまです」と言える関係かどうかです。言えないときは、どちらに偏っているかを感じて、バランスをとってみてください。その継続が幸せで豊かな人間関係の輪を広げていくでしょう。

第4章

仕事とエネルギー

仕事やビジネスという領域も、エネルギーの視点から捉えることで視野が広がり、新しい可能性や価値を生み出すことができます。

私自身はもちろんのこと、周りの人たちが仕事で経験する数々のエピソードや出来事を目の当たりにし、「やっぱり仕事もエネルギーだな」と感じることが多々あります。

なぜならば、仕事の成果や結果という目に見える現象の背景には、目に見えないこと、目に見えない色々なエネルギーが影響していることを感じるからです。

この章でお話しすることは、あなたの仕事に対しての見方や価値観に、新たな気づきや発見をもたらすでしょう。そして、明日からの仕事への取り組みが、より楽しくワクワクするものになるよう、思いを込めてお話ししていきたいと思います。

●仕事で一番大切にしたいこと

「あなたにとって仕事とは何ですか？」

そう問いかけられたら、どんな答えが浮かびますか？

「大好きなこと」「お金を稼ぐ手段」「自分らしさを表現すること」「義務と責任がつきまとうもの」「成功しないと意味がないもの」etc……。色々な答えが出てきますね。

主婦や主夫の人、ボランティアに携わる人などは、直接お金のやり取りが発生しないため、ご自身の行っていることに仕事という認識はないかもしれません。

「仕事」を辞書で引くと、「何かを創り出す、または成し遂げるための行動」とあり、文献によっては「人とのつながりを大切にすること」と定義されています。

本来、仕事とは、お金の発生の有無に関わらず、私たちが思っている以上に幅広いものだということが分かりますね。

仕事をエネルギーの視点でみると、人と人の心の循環であり、エネルギーの循環でもあるのです。

あなたは、いつもどんなエネルギーで仕事をしていますか？

それによって、人の幸せが決まると言ってもいいぐらいです。ほとんどの人が、毎日朝から晩までの時間の大半を仕事に費やしています。その時間をどんなエネルギーで過ごしているかが、健康にも、お金に対しても、大きな影響を与えます。

健康への影響はもちろんですが、どの仕事を選んで、どんなエネルギーで取り組んでいるかは、あなたの人生の幸福度を決めるといっても過言ではありません。

想像してみてください。仕事ができる人、繁盛しているお店の店員さんから何が伝わってきますか？　イキイキしている、気持ちのいい笑顔、エネルギッシュ、楽しそう……といったことを感じませんか？

一方、仕事ができない人、流行っていないお店の店員さんからは、何が伝わってきますか？　つまらなさそう、笑顔がない、うわべだけの挨拶、しんどそう……など感じませんか？　これが、エネルギーの違いです。同じ仕事をしていても、どのようなエネルギーで仕事をしているかが、健康や収入、そして人生の満足度にまで影響を与えているのです。

どんな仕事を選ぶかは大切なことですが、それ以上に、どんなエネルギーで仕事をしているかが最も大切なこと。エネルギーは言葉以上に周りに伝わり、感じられるものなのです。

ライフエネルギーポイント

どんなエネルギーで仕事をしているかが、幸福度を決める

●仕事のエネルギーの原点とは

仕事というと、すぐにお金とセットで捉えられがちです。けれど、「仕事」という言葉を分解するとどうでしょう。「(人に) 仕える事業」となりますね。家事やボランティアといった直接お金が発生しないものも、立派な仕事なのです。

しかし家事というと、ついつい義務感や役割から行いがちです。それを、家族が喜ぶ顔を浮かべながら、買い物や料理をする。家族が気持ちいい表情で出かける顔を浮かべながら、洗濯をする。気の流れがいい空間で、みんなが楽しく過ごす時間をイメージしながら掃除をする。そう変えることで、家族の喜びや幸せにつながっていきます。

家事も大切な仕事です。まずは、その尊さを自覚し、それを少しでも意識して行ってみましょう。それだけでエネルギーが上がり、喜びや幸せをより深く感じながら行えるようになっていきます。

そうして、あなたの中のエネルギーが高まると、会社勤めといった社会活動も活発になり、結果的に経済的な豊かさを創り出すエネルギーにもなっていくのです。

ボランティアも無償の仕事です。毎日決まった場所で、地域ボランティアの方々が掃除をしたり、子どもたちの通学をサポートしている姿をよく見かけます。

掃除された綺麗な道路を通るだけで、心地いい気分で朝のスタートを迎えられます。子どもがいる方は、通学のサポートがあることで安心して子どもを送り出して、社会活動に向かうことができるでしょう。

ライフエネルギーが低く心身の不調和があると、心にゆとりがもてず、なかなか望むような仕事ができないためイライラしたり悶々としたりするものです。

まずはご自身のライフエネルギーを高めて心身の調和をつくることをおすすめします。

それぞれが、自分ができることで、人の喜びやお役に立てることをする——。それが仕事のエネルギーの原点です。

そうした仕事の原点が、人生におけるすべての活動の原点でもあり、お互いのエネルギーを高め合うことにもなるのです。

次に、仕事に影響する様々なエネルギーの活かし方を、具体的な事例も紹介しながらお話ししていきましょう。

ライフ
エネルギー
ポイント

仕事はお互いの心とエネルギーが循環すること

●エネルギーが上がると、仕事のステージが上がる

私のところに訪れる経営者や事業家の皆さんの中には、個人の心身のエネルギーだけでなく、ご自身の仕事関連のエネルギーチェックを希望される方もいます。そこで私は、オフィス空間のエネルギーやスタッフのエネルギー状態などを、筋肉反射テストでチェックして数値化しています。

なぜなら、それらの仕事に関連する各分野のすべてのエネルギーが、その仕事の質や結果に反映されるからです。

セッションではそうやって毎回、各分野のエネルギー状態をチェックしていますが、すべてのエネルギーが整い、自身のライフエネルギーも上がってくると、変化が現れます。

その方の活躍されるステージが上がったり、活動範囲が広がったりして、不思議なぐらいチャンスを得たり、願ってもない依頼を受けたりすることが増えてくるのです。「新規顧客が増えた」「大口の仕事や重要ポストの依頼が入ってきた」「影響力や発信力がある人とご縁ができて、仕事の規模が拡大した」などは、日常的なご報告です。

私自身の話になりますが、今回の出版が決まったのも、自分に対してLECを実践したことがきっかけでした。コロナ禍というご時世と新人著者という立場もあって、商業出版がなかなか成立しないまま迎えた2021年の2月、ある気づきが私にもたらされました。

それは、2022年が施術家としてちょうどキャリア30年目、創業10周年の節目の年になるということでした。気づいた瞬間、心の奥から湧いてくるものがあり、アプローチの必要性を感じて筋肉反射テストでチェックをしました。

すると、「決断の力」というキーワードが出たのです。これは「自分が決める（ゴールを設定する）ことで、実現に必要な流れを創り出す」ということ。この結果を見て、私が迷わず思ったのが「出版実現」だったのです。そこで、「私は10周年に本を形にし、感謝を込めた出版記念講演会をする」と潜在意識にマインドセットを行いました。

すると、2ヶ月後の桜咲くある春の日のこと。

不思議な流れと偶然の連続が重なる1日を過ごしたその夜に、サポートいただいているプロデューサーの方から、「出版社の会議で企画が通りました。おめでとうございます！」と連絡があったのです。

「こんなにすぐ決まるのですか⁉　まだ夢を見ているようです！」と驚きと喜びが同時に湧いてきて、興奮さながらに答えたことを今でも鮮明に覚えています。本当に奇跡的な1日でした。日が違ったり、ミーティングのメンバーがひとりでも欠けていたり、時間を午前ではなく午後に設定したりしていたら成立しなかった……。それぐらいの強運に支えられた気がします。まるで、天から神様がコマを動かしてくれたかのように、何も綿密な計画を立てず成立したのです。

それまでと同じように接したり、話をしたりしていた相手でも、こちらの発するエネルギーが変わることで、大きな変化が生まれます。その変化とは、「この人から買いたい」「この人といたい」「この人と一緒に仕事をしたい」という想いを強く引き出すことであり、それが仕事の幅や可能性を広げてくれるのです。

あなたのライフエネルギーが上がれば上がるほど、あなたが望むことの実現の可能性は高くなるのです。

ライフエネルギーポイント

エネルギーが動くと、人生は望む方向に動き出す

●変化がエネルギーと人生を動かす

あなたがいつも同じ場所で、同じ人と同じ仕事をしていると、たとえ好きな仕事であっても、段々つまらなくなったり、やる気が下がってきたりするのではないでしょうか?

実はこれもエネルギーの影響です。

人間は変化があって初めて心が動き、エネルギーが活性化します。逆に変化がなく、マンネリ化が続くと、ライフエネルギーは滞り、低下していきます。

そこでライフエネルギーを活性化するには、時々、日常の習慣や環境を変えたり、自分が魅力を感じる人に触れたり、時には感動する映画や音楽などにも触れることが大切です。それによって心が動き、ライフエネルギーが高まっていきます。

すると、自分の世界観が広がり、感性が磨かれて「魅力」というエネルギーがアップするので、自然に仕事に変化や新しいチャンスがやって来たりするものです。

私を例にお話ししますと、独立開業する前は、今のような出張仕事はありませんでした。京都から出ることなく、クライアントさんがいらっしゃるのを待つだけの仕事スタイルでした。そのため、人間関係も業界の人やクライアントさんに限られていたので、心が動かされたり、刺激を受けたりする機会も少なく、良くも悪くも落ち着いた日々が普通だったのです。

それが本田健さんとの出会いとご縁から、普段ではまず出会うことがない異業種の方々と交流する機会が増え、視野や世界観が格段に広がりました。

そうしてたくさんの方々に触れる中で、特に魅力を感じた2つのエネルギーがありました。それは、

・国内外でライフワークの啓蒙活動をする人の情熱のエネルギー
・お金と時間に自由な人の豊かなエネルギー

です。

毎月の東京出張には、もちろん時間と経費のコストがかかります。ですが、このようなエネルギーを持っている方たちに定期的に触れたり、時間を共に過ごしたりできたことが、私に世界観の広がる大きなエネルギーをもたらしてくれました。

その結果、クライアントさんにも経営者や起業家といった方たちが増えて、私自身の仕事の価値がより高まり、ビジョンも明確になりました。

こうした経験があったからこそ、今回の出版にまでつながったのだと確信しています。

ぜひあなたも、魅力を感じる人のエネルギーに触れたり、時々仕事環境や方法を変えてみたり、心から笑ったり、泣いたりする感動の時間をとってみてください。その時間の積み重ねが、人生を動かす思いがけない出会いをもたらし、大きなエネルギーを受け取ることにつながるはずです。

ライフ
エネルギー
ポイント

心動かされる時間によって、自身の魅力が高まり、仕事の可能性も広がる

●人はエネルギーを感じて買うか・買わないかを決めている

いつの時代も、よく売れるヒットやベストセラーと呼ばれる商品が存在します。時代の流行りがあるとはいえ、エネルギーの視点で捉えると、これらにも共通の働いている力があると私は考えています。

あなたもこんな体験はありませんか。スーパーやショップに入ると、食料品や衣類、装飾品や本など、様々な商品が棚にずらりと陳列されています。そんな数ある商品の中で、ふと目に留まったり、心惹かれるものがあって、思わずそれを手にしてそのまま購入する——。これこそが、まさにエネルギーの差が引き起こす現象であり、行動なのです。

特にスピリチュアルに興味や関心がない人でも、無意識で体験されているのではないでしょうか。どうしてその商品を選んだのか理由を問われても、自分でもよく分からず、

「何となく」としか言いようがないのです。

私は仕事だけでなくプライベートでも、気になったものはエネルギー数値をチェックするようにしています。すると、こうした日常の買い物で目に留まるもの、惹きつけられるものは、エネルギーが高いことが分かります。

エネルギーの高いモノは、輪郭がはっきり見えて、ちょうど画素数の高い写真のように鮮明で存在感があります。逆にエネルギーの低いモノは、ピンボケ写真のように輪郭はもちろん、全体的にぼやっとした印象です。

また、エネルギーが高いモノほど、色鮮やかに、明るく感じます。逆にエネルギーの低いモノは、色がくすんでいたり、濁ったように見えて、暗い感じがします。

この基準と第2章でお伝えしたセルフチェック法とあわせて、あなたの気になるモノのエネルギーチェックをしてみてください。

ところで、なぜこのエネルギーの違いが生じるのか気になるところです。

ここであるエピソードをご紹介しましょう。

本田健さんの代表作に、累計100万部を突破したベストセラー本『ユダヤ人大富豪の教え』（大和書房）があります。ちょうど健さん自身も興味を持っていただいたので、本のエネルギー数値をチェックしてみました。するとどうでしょう。健さんの中でそれほどヒットしていない本をチェックして比較したところ、両者には約5倍の数値の差があったのです。

この結果に驚いて健さんに色々伺ってみると、その高いエネルギー数値を創り出している背景が見えてきました。

それは大ヒットした本に対して、特別な強い想いと祈りが込められていることでした。この本をなぜ書こうと思ったのか。この本を読んだ人にどうなってほしいのか。そして、この本を出版することで、どんな世界になることを想い描いているのか――。そうした愛と感謝、希望と癒し、可能性が込められていたのです。そこには、健さんのビジョンである「大好きなことでワクワク生きる豊かな人の世界の輪が広がりますように」という祈りもありました。

さらにもう一つ、その本では、文章の構成や表現方法のほか、紙質や字体に至るまで、どんなタイプの人が読んでも読みやすいものになるように配慮されていました。表紙もデザインはもちろんのこと、紙質や字体に至るまで、読む人への愛に満ちた配慮がなされていたのです。

ヒット商品やベストセラーは、一部の人へのヒットでは成り立ちません。世の中にいる多種多様なタイプの人の心に響き、心をつかんで初めて成立するのです。この2つの要素を満たすことによって、通常の本の約5倍のエネルギー数値を持つベストセラー本が創り出されたのです。

手がける人の想いと祈り、そして、通常では行き届かない細部にまで配慮する愛の器の大きさ――。ヒット商品やベストセラー本が生まれるのは、そうしたものがたくさんの人たちの心に響き、動かした結果と言えるのではないでしょうか。

ぜひこの機会にあなたにとってのヒット商品を手に取って、その背景にある想いと愛を感じてみてください。

ライフ
エネルギー
ポイント

ヒット商品は想いと祈り、細部に渡る愛の配慮で創られている

●仕事環境のエネルギーが売上を上げる

業績を上げている職場や繁盛しているお店に見られる一つの共通点が、職場やお店の環境（空間）エネルギーが高いことです。「第2章　衣食住環境とエネルギー」でもお伝えしましたが、「あなたを囲むエネルギーで幸せが決まる」というまさにそのものです。

ここでは、仕事の質や成果に直接影響を与える職場やお店の環境について、事例を交えてお話ししていきましょう。

クライアントさんの中に、会社経営をされているNさんという方がいます。

Nさんはある日の個人セッションに、とても冴えない表情で来られました。「何か体調不良かトラブルでもありましたか？」とお尋ねすると、「やっぱり分かりますか」と苦笑いされました。

聞くと、最近、社員の定着率が著しく低いとのことでした。新人が育って、さあこれからという矢先に病気が発覚して、長期入院や離脱する。または、ベテラン社員が家族の事情で退職や休職になる。そうした結果、現場が回らなくなって、個人の負担が増えてしまうのだそうです。明らかに能率低下で、売上が下がっていると嘆いていました。

そこで、筋肉反射テストで必要なアプローチをしていくと、空間のマイナスエネルギーが反応したのです。対象は自宅ではなく、職場の空間でした。

さらにそのマイナス原因を探ると、2つの要因が反応しました。

一つは、あるひとりの社員のエネルギーが心身の不調和によって下がり、その影響で周りの人や空間のエネルギーを低下させてしまっていること。もう一つは、あるエリアの整理整頓と掃除が徹底されていないために、空間エネルギーを低下させていたことでした。

そのことをNさんにお伝えしたところ、「先生、おっしゃる通りです」とつらそうな顔をされました。そして、「その社員さんのことも、そのエリアの汚さにも気づいていましたが、こんな状況ではそこまで手が回らないんです」と。

職場環境や空間のエネルギー低下には、そこに関わる人の心身の不調和と、空間の掃除や整理整頓が疎かになっていることの2つの要因が存在します。それが、お互いのエネルギーを下げ合う「負のサイクル」を作り出し、気づいたら全体の疲弊や士気の低下をもたらし、結果として業績に現れてくるのです。私のそんな話にNさんは、「そこまで関係するのか半信半疑ですが……、社員へのケアと掃除は時間をとってやってみます」と戸惑いを隠せないまま帰って行かれました。

1ヶ月後――。個人セッションに来られたNさんの表情を見て、私は思わずニヤッとしてしまいました。「やっぱり分かりましたか?」とNさん。前回のセッションのあとすぐに、対象の社員さんと個人面接をし、悩みを聞いてサポート体制に入ったとのこと。また、1日休業にして職場のみんなで掃除の時間をとり、ワイワイと行うことで一体感も高まる時間をもてたそうです。すると、なんとこの1ヶ月で対象だった社員を中心に、周りの社員までがとても元気になり、職場の雰囲気も明るくなったとのこと。さらには、新たに大口の契約を獲得することもできたそうです。

そこで、空間エネルギーのチェックをしてみると、これも大幅に数値が改善されていました。「不思議ですが、関係しているのですね」と、Nさんはまだ半信半疑ながらも笑顔を見せてくれました。

職場のみんなに、お店やオフィスを定期的に掃除しようという意識や習慣があると、結果として気の流れのいい環境を自分たちでつくり、その恩恵をエネルギーとしてみんなで分かち合うことになります。働いている人が楽しく気持ちよく仕事に取り組めることは、大切な仕事のエネルギーになっていくのです。

ライフエネルギーポイント

環境（空間）のエネルギーが仕事の質を変える

●与えられた環境で自分の花を咲かせる

仕事をするなら好きな仕事、やりたい仕事をし、そして、いつも楽しく仕事をしたいというのは誰もが思うことですね。とはいえ、好きな仕事が見つからない、やりたい仕事が分からない、という人がいます。好きな仕事ややりたい仕事はあるが、望む形ですぐに実現できない、という人もいます。または、どんな仕事であれ、環境や人間関係によって楽しくなかったり、つまらないと感じたりするときもあります。

そんな状況にあると、落ち込んで思うようにいかない自分を責めたり、周りの環境や人のせいにしたりしがちです。そうするとどんどん悪循環が増幅し、しばらくは沼にはまったように、すぐに抜けられない状態に陥りやすいものです。


こんな悩みを解決してくれる、流れとエネルギーを変える方法があります。それは「与えられたエネルギー環境で、自分のベストを尽くす」ことです。

ひとりのクライアントさんの事例を紹介しながら、詳しくお話ししていきましょう。


Yさんはパートタイムでスーパーのレジ仕事をされていました。ある日のセッションで近況をお聞きすると……。

「先日、他のパートの方が私用で急に休まれて、通常でも忙しいのに自分の負担が一気に増えてしまいました。そのせいで腰も足も痛くて、大変な思いをしています。同じ時給なのにやっていられないです」

と不満とイライラが炸裂していました。

筋肉反射テストでチェックしてみると、出てきたテーマは「自分の主体性を持つ」でした。これは、「自分に何ができたのか、自分に何ができるのか」を問いかけなさい、ということです。Yさんは、しばらく険しい表情をされていました。しかし私は「Yさんの心の準備はできている」ことを信頼して待っていました。すると、次第に表情が和らぎ、おもむろに口を開かれたのです。

「自分にはできる能力や器があるから、こういうことが巡ってくる。そう信頼して受け入れてベストを尽くす、ということでしょうか」

Yさんの心に変化が訪れ、放つエネルギーも変化したことが伝わってきました。

そして1ヶ月後、私がYさんから受けた報告は予想以上のものでした。

「先生、あれから不思議なことが起こりました。忙しい状況でも、前より手際良く動けたり、機転を利かせて周りを活かしたりできるようになったんです。何より楽しく仕事ができていることに、自分でも驚いています」

変化はその後も続き、半年後にはチーフに昇格して収入も増えたと、満面の笑みで報告してくれました。

最初は好きでもない仕事、つまらない仕事と思っていても、与えられた環境でベストを尽くしていれば、変化が起きるのです。それは、思いがけない自分の才能に気づくことや、楽しいやりがいのある仕事を任されることなど、自分にとっては想定外の不思議なことだったりします。

「この環境のせいで、この人のせいで……」ではなく、「自分に何ができたか、自分に何ができるのか」を問いかけること。

それが、主体性のある自分を見つける方法であり、自分で自分を褒めてあげたくなったり、もっと自分を誇れるようになったりしていくのです。

ライフエネルギーポイント

与えられた環境で自分のベストを尽くすことが、人生の花を咲かせる

●情熱のエネルギーはポジティブだけではない!?

仕事にやりがいを感じたり、仕事で成功を収めたりするには、情熱というエネルギーが欠かせません。熱い想いをもって仕事に取り組んでいる人の姿、その人の放つエネルギーには心惹きつけられます。

そしてその情熱のエネルギーにも、ポジティブなものから創られるエネルギーと、ネガティブなものから創られるエネルギーのどちらもが存在します。

ポジティブなエネルギーは、純粋にその仕事を愛する想いから創られます。仕事が好きでたまらず、食事や寝る間も惜しむぐらい夢中になってしまう、語り出したらなかなか止まらない、といった人が放つエネルギーです。

こういう人たちは、探究心も比例して高い傾向にあり、サービスや商品の開発を定期的に行うため、進化が止まらず、結果的に長い繁栄を築きやすいのです。

一方で、ネガティブなものから創られる情熱のエネルギーとは、どういったものでしょうか。

それは、今年の春に来られた新規クライアントさんとの事例でお話ししましょう。その方は私にこう尋ねたのです。

「先生はこのお仕事が今年で30年になると聞いています。それだけ年数が経過しても変わらぬその情熱は、どこから来ていますか？」

そう聞かれて、私の中で「これが情熱の源泉だな」と、いつも立ち返るところが浮かび上がってきました。アトピーで悩みの境地にはまっていた過去の自分にLECをしてあげられたら、どれだけ早く不安と迷いから解消されて、闘病時間を短縮できたのだろうという想いです。

これは後悔という意味ではありません。遠回りしたことや非効率的な体験もしたからこそ、今があると思っています。LECによって、原因へ明確にアプローチできること、サプリメントなどの相性も見極められることなどに、とても高い価値を見出しているからです。そして、ひとりでも多くの原因不明で悩んだり迷ったりしている人たちに、LECを知ってもらいたい、そのトンネルから1日も早く抜け出してほしい――。その想いが情熱エネルギーの炎として、私の中に燃え続けています。
それをお伝えすると、「先生の情熱をしっかり受け取りました。ありがとうございます」と、腑に落ちた表情で微笑み返していただきました。

例えば、いじめられた経験があったからこそ、人の心に寄り添う気持ちをより大切にできるものです。また、経済的に苦労した過去があるからこそ、お金を稼ぐことや豊かさを分かち合うことに、人一倍情熱を注げたりするものです。

あなたも、自分の中で苦い思い出や心の痛みになっているものの中に、情熱エネルギーの源泉を発掘できるかもしれません。

「〇〇の経験や想いをしたからこそ……」に続くものを、この機会に探ってみてください。

ライフエネルギーポイント

情熱エネルギーの源泉は、ネガティブな経験からも発掘できる

●公私はエネルギーでつながっている

「仕事とプライベートはバランスが大切」とよくいわれます。

一見もっともな話のようですが、エネルギーという視点で捉えると、このバランスという視点は、それぞれを分離したものにしてしまっています。

これはまた、とても興味深いテーマの一つになるので、ひとりのクライアントさんの事例を挙げながら詳しくお話ししていきましょう。

ご夫婦で会社経営をされているクライアントさんで、ご主人のTさんがセッションに来られたときのことです。ルームに入って来られるなり憂鬱な表情で、「最近なかなか仕事が思うように進まず、頭の痛い状況が続いているんです」とおっしゃいます。場の空気がさらに深刻なものになったのを感じました。

早速、潜在意識が何を訴えているのか、筋肉反射でチェックすることにしました。

ご本人は「チェックするまでもなく仕事のことですよ」ときっぱりおっしゃっていましたが、反応が出たのは「プライベート」だったのです。

ご本人はキョトンとされていましたが、追及してチェックしていくと、「家族旅行」のことが反応しました。聞けば、半年前に家族にプランだけ提案しながら、そのまま実行できていなかったとのこと。「こんなことが優先で出るのですか?」と不思議そうなTさんに、「色々な意味で必要性があって出ていると思いますので」とお伝えすると、「とにかく有言実行になるよう進めてみます」とおっしゃって、その日は帰られました。

そして1ヶ月後に来られたTさんは、とてもご機嫌モードでした。

「家族旅行を進めた矢先に、止まっていた仕事の案件が急に動き出して、家族だけでなくスタッフもイキイキしているんです。これも関係あるのでしょうか?」と聞かれたので、「もちろんです」とお答えしました。公私はバランスではなく、エネルギーの循環として捉えることで、このつながりが見えてきます。

ちょうど、いくつかの歯車が噛み合いながら一体化しているイメージです。その一つの歯車にズレが生じるとうまく噛み合わず、全体的にぎこちない動きになってしまいます。

しかし、一つの主要なズレが修正されて噛み合うと、他の歯車も連鎖的に噛み合いが修正されて、すべての歯車がスムーズに連動的に動き出していきます。

これと同じことが、公私のエネルギー循環で起こっているのです。

このTさんとは逆の事例もよくあります。

プライベートで悩んでいる人が、仕事に関することで何か一歩動き出すことによって、プライベートの悩みが解決方向に動き出すのです。また、お金のことで悩んでいる人が、人間関係の課題と向き合うことで、お金の流れに変化が起きるという現象もよく目にします。

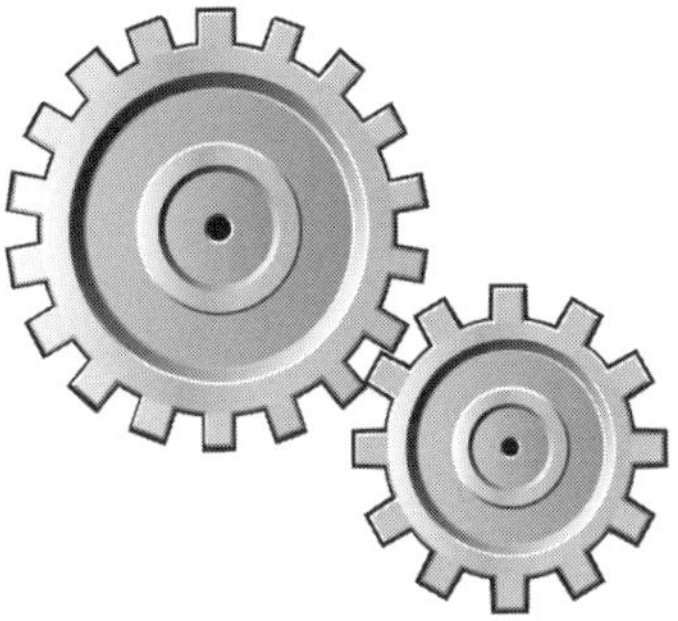

公私のエネルギーは歯車のように噛み合って循環している

健康、人間関係、パートナーシップ、仕事、お金、趣味、セクシャリティなどは、それぞれが1本の木として独立しているものではありません。見えない土の中で、根の部分はすべてつながっているという視点で見てください。

悩んでいることそのものよりも、「気になりながら、そのままにしていること」に目を向けること。それが、エネルギーの歯車全体を動かす力になることが、よくあるのです。

あなたも仕事で何かうまくいかないことが続いているときは、一度仕事から目を外すことも必要です。趣味や家族との時間を大切にすることで、ふとアイデアが浮かんだり、新しい仕事やビジネス契約が動き出したりすることが、よくあります。

実験感覚でトライしてみると、思わぬ発見や収穫があるかもしれません。

ライフエネルギーポイント

公私はバランスではなく、エネルギーの循環で捉えること

あなたのエネルギーが仕事を創る

仕事というテーマをエネルギーの視点でお話ししてきましたが、いかがでしたでしょうか。

世の中には、たくさんの仕事が存在しています。そして、その仕事の背景には、私たちが想像する以上に目に見えない、すぐに気づかない数々のエネルギーが存在して、大きく影響しています。

それは、仕事をする人の心と身体の調和、仕事に対する想いや情熱、サービスや商品に対しての細やかな心配り、仕事環境の状態からプライベートの状態まで、**すべてがエネルギーとなって仕事を創り出しているのです。**

そのエネルギーが高いほど、相手の喜びや感動というエネルギーを引き出します。

そして何よりも大切なエネルギーは、**「人を思いやる心」**です。このエネルギーなくしていい仕事は成立しません。ほんの少しの優しさや気配りをもって、いつもより心を込めるというだけでエネルギーになります。

ちょうど先日、そのことを痛感する一コマがありました。

もう25年ぐらいのお付き合いになるKさんというクライアントさんがいます。

いくつかの飲食物の相性チェックの依頼があり、筋肉反射テストで調べていた途中に出てきたのが、水のペットボトル５００㎖が1ケース分の写真でした（筋肉反射テストは現物が写っていれば、写真でもチェックは可能です)。

そのペットボトルのストックの多さに驚きました。Kさんはお一人暮らしなので、なぜこれだけの水を購入されるのかとお尋ねしたところ、「宅配便の方が来られたときに、冷えたお水をお渡ししているのです」と、愛に満ちた笑顔でおっしゃいました。

私はKさんのあまりの温かさに、再び驚いてしまいました。「宅配の方々はさぞ喜んでおられるでしょうね」という私の言葉に、『とても嬉しいです。助かります』と喜んでくださいますよ」とKさん。この温かさの積み重ねが、Kさんの「仕事の原点」と呼べるものではないかと私は思います。

日々の積み重ねのエネルギーは、回り回って受け取るときがやって来ます。

それぞれが自分ができることで、何か人の喜びやお役に立てることを、心を込めて行う――。それが仕事の本当の意義です。

そのことをお互いに尊重し、感謝し合えることができれば、もっともっと心が通い合う、人に優しい社会になっていくのではないでしょうか。

あなたの明日からの仕事や活動が、よりワクワク楽しい幸せな時間になることを心から願っています。

ライフエネルギーポイント

愛と感謝の掛け算が、仕事の感動を創り出す

☆仕事のエネルギーを整える5つのこと

1　自分が喜ぶことをする

仕事の原点は「自分のエネルギーの分かち合い」です。自分が分かち合う人がどんなエネルギーで仕事をしているかで、周りが受け取るエネルギーも変わってきます。

そこで大切にしたいのが、「自分が喜ぶことをする」です。気分が良くなる服を着たり、お気に入りのカフェで好きな本を読んだりなど、自分が喜ぶこと、気持ちいいこと、機嫌が良くなることをしてみてください。それが、自分の身体と心のエネルギーを整え、高めることになります。

そのエネルギーが周りにも結果として、いい影響を与えることになります。

2　日常の中に少しの変化を取り入れる

人間は変化があって初めて心が動き、エネルギーが活性化します。逆に変化がなく、マンネリ化が続くとライフエネルギーは滞り、低下していきます。

もし、あなたの日常が変化の少ないマンネリに陥っているとしたら、あなたのライフエネルギーは滞って、意欲や気力が低下していくことでしょう。それは、あなたの「魅力」というエネルギーをも低下させます。

そこで、あなたが魅力を感じる人に触れたり、時々環境や習慣を変えたり、感動する時間をとることなどを試してみてください。

それによって心が動き、ライフエネルギーが活性化すると、あなたの「魅力エネルギー」をアップさせて、魅力的な仕事を引き寄せるのです。

3　あなたの仕事環境の掃除や整理整頓をする

あなたの仕事の空間は、どんな空気感ですか？

エネルギーの高い空間、気の流れのいい空間の共通点は、その場で自然に深呼吸をしたくなるような空間です。そのような空間で働いている人のエネルギーはイキイキして、お客様やお金の流れもいいので、自然と売上も上がります。

掃除や整理整頓をする前後に深呼吸をして、その感覚の違いを確かめてみてください。空間のエネルギーが整うと、深呼吸がよりしやすく、そして心地よく感じられるでしょう。

4　与えられた環境でできるベストを尽くす

今、自分が好きな仕事をしている人もいれば、そうではない人もいると思います。いずれにしても、今与えられた環境で、自分ができるベストを尽くすこと。それによって能力や感性が磨かれて、自分がまだ気づいていない可能性が広がる扉が開いていくでしょう。

5　自分の情熱のエネルギーの源泉を知る

情熱のエネルギーの源泉には、ポジティブとネガティブのどちらも存在します。

情熱のエネルギーを高めるには、それぞれの源泉を明確にする2つの質問を自分に問うてみてください。

・人生の中で楽しかったことで、最もエネルギーと時間を使ったことは何ですか?

・人生の中で苦しかったことで、最もエネルギーと時間を使ったことは何ですか?

相反する質問に見えますが、どちらもそれだけのエネルギーと時間をかけた分、その分野の想いや才能が自然に育まれています。

このどちらの答えも、あなたの情熱のエネルギーの源泉になっていることがよくあります。私も、そのエネルギーを仕事に活かしているひとりです。

明確になった瞬間から、情熱のエネルギーが湧いてくるかもしれません。逃さず感じてくださいね。

第5章

運と
エネルギー

この章では「運」という興味深いテーマを、エネルギーの視点から掘り下げたいと思います。

誰もがこれまでの人生の中で、「運が良かったから」「運が悪かったから」と振り返る経験がいくつかあるでしょう。

私は「運」を**「思いがけないときに働く思いがけない力」**と定義しています。

一般的には、「運」はただの偶然のように思われがちです。しかし、エネルギーという視点で捉えると、単なる偶然ではなく、**「起こるべくして起こった必然」**と思えるようになってきます。エネルギーを整えることで、あなたも運のいい状態になれますし、いわゆるゾーンに入ることもできるようになります。その秘密をこの章で明らかにしていきましょう。

●運がいい人、悪い人の本当の意味

世の中には、「運のいい人」と「運の悪い人」がいるように見えます。でも実際には、「運のいい状態」と「運の悪い状態」があるだけです。運が悪く見える人は、「運の悪い状態」にずっと居続けているのです。

運が良く見える人は、運のいい状態をキープできているに過ぎません。

実際のところは、運がいいと感じるときと悪いと感じるときと、どちらも体験している人がほとんどではないでしょうか。

冒頭で「運」の定義を「思いがけないときに働く思いがけない力」とお伝えしました。この「思いがけない力」の恩恵をたくさん受け取っている自覚のある人が「運がいい人」、少ない自覚の人が「運が悪い人」。そう自分で評価していることが多いのです。

そして、多くの人が運とは神頼みのように、自分ではコントロールできないものと考え、受け身で捉えているように見受けられます。

しかし、これはとても残念な誤解です。

実際には、「運のいい状態」と「運の悪い状態」が存在するだけです。そして、運のいい・悪いは自分次第で変えることができるのです。

まずは、**「運のいい・悪いは自分で変えられる」**ということを自覚しましょう。
すると、それだけで運を引き寄せる可能性の扉が開きはじめ、やがて実際に運をコントロールできる感覚が分かっていくと、胸を張って「私は運のいい人です」と言えるようになります。逆にその感覚が分からなければ、一生「運の悪い人」で終わってしまう可能性もあるのです。

ライフエネルギーポイント

「運がいい・悪い」は自分で変えられると自覚する

●運のいい人が大切にしていること

私たちに思いがけない力をもたらしてくれる「運」は、残念ながら目で見ることはできません。この目に見えない力を引き寄せられる人と引き寄せられない人とは、どこが違うのでしょうか。

「運」を引き寄せて味方につける人には共通点があります。
それは、その人自身が日頃から、目に見えないもの、目に見えないこと、あるいは人目につかないところでの行いや振る舞いを尊重したり、大切にしたりしている、ということです。

目に見えないことというと、スピリチュアルなことを連想したり、よく分からない不思議な話と感じたりするかもしれません。しかし、そうではありません。ここでお話しする目に見えないことには、人が気づきにくいこと、目立たないこと、見逃してしまうようなことなども含まれています。

例えば、アメリカのメジャーリーグで、投手と打者の二刀流で大活躍中の大谷翔平選手を見てください。彼は、他の球団やスポーツ選手までがリスペクトするぐらいの実績で、名誉あるＭＶＰを獲得しました。
ただ、それ以上に注目されているのは、グラウンドでの振る舞いです。試合中にバットが折れたり、ボールが当たったりするトラブルがあったときに、他の選手や審判員への声かけや労り、心遣いがとても紳士的で、成績と同じか、あるいはそれ以上に評価されています。

こうした**一見さりげなくて目立たないこと、すぐに気づかないことに注ぐエネルギー**が、「思いがけない力＝運」を引き寄せ、想定していた以上の結果や体験を生み出すのです。

今の大谷選手の活躍ぶりは、野球への努力の結果であることはもちろんですが、それだけではないと私は考えています。それは、今までの球団や恩師、監督やチームメイトなど、努力ではコントロールできないご縁や流れを引き寄せた「運」の力も合わさった賜物ではないでしょうか。

ライフエネルギーポイント

目立たないこと、気づかないことに注ぐエネルギーが運を引き寄せる

●正直な自分を尊重する

ここからは、「運のいい人」に見られる共通点を、クライアントさんの事例も交えながら具体的にお話ししていきましょう。

最初は、京都の中心地で和食料理屋を営む、名料理人のNさんという男性クライアントさんです。8年前に出会った頃は、まだ料亭に勤務する料理人でした。

先にご縁のあった奥様に、「ここ最近、主人の腰痛が酷くなり、私から見てもストレスが溜まって悪循環になっているように思うので、一度お願いできますか」と言われ、個人セッションをスタートさせました。

Nさんはお会いしたときから、一本筋の通った職人のエネルギーが伝わってくる方で、私とは道は違いますが重なる匂いを感じました。

セッションでも多くは語られませんが、正直さと素直さが強く感じられ、毎回出てくる身体からのメッセージを、しっかりと受け止めているのが伝わってきます。そして、一つひとつ実践されたおかげで、腰痛も順調に改善していきました。

1年ほど経過して、Nさんのライフエネルギーレベルが90％付近までアップした、ある日のセッションでのことです。このときに出たキーワードは「正直な自分を尊重する」というものでした。そうお伝えしたところNさんは、「実はそろそろ自分のお店を持ちたいと思っているんです。資金や物件など諸々の条件もあって、すぐにとはいきませんけれど」とおっしゃいました。そこに焦りや不安、迷いは全く感じられませんでした。

Nさんは「今の自分の想いをちゃんと受け止め、大切にしたいと思います」と清々しい笑顔で帰られました。

それから1ヶ月後のこと。セッションに来られたNさんは開口一番、「おかげさまで開業できることになりました」とおっしゃったのです。

あまりの急な展開に、私は「な、何があったのですか？」と前のめりで尋ねたところ、飲食店をしていた友人が、両親の事情で実家に戻らなければならなくなり、居抜きで機材や器もそのまま使えることになったというのです。さらに物件と同時に、資金面の問題もクリアできたのだとか。わずか1ヶ月での思ってもいなかった理想的な展開に、ご本人も思考が追い付いていかない驚きの様子でした。

しかし、これだけではありません。時が経って6年後の2022年、さらにまた驚きのドラマが待ち受けていたのです。

前年、Nさんは子どもに恵まれて大喜びされていました。しかし、年が明けてからお店の雨漏りが酷く、キッチンの使い勝手も気になり始め、「そろそろ自宅と店舗を合わせた物件に移るべきときが来たかもしれない、と思うようになりました」とおっしゃっていました。それから2〜3ヶ月経ったセッションのとき、「おかげさまで1階がお店に、2階が住まいにできる物件が見つかりました」とのご報告があったのです。

このNさんの願望実現の早さの裏側に、私は「思いがけない力=運」を感じざるを得ませんでした。

そこでご本人に詳しくお話を伺いたいと思い、Nさんのお店で美味しいお料理をいただいたときに、こう尋ねました。

「Nさんが生きる上で一番大切にしていることは何ですか」

するとNさんは迷いなく、

「本当にやりたいことに対しては決して諦めず、できることから少しでも、一歩でも進んでいくということですね」

と答えてくださいました。続けて、

「こう考えるようになったのは、以前はやりたくないことで1日が終わることが長く続き、そのストレスで悩み、腰痛が悪化したあの経験があるからです」

なるほど、と私は思いました。

このことはすなわち、**「やりたくないことをしていても、やりたいことは必ず諦めない生き方」**を意味します。

Nさんの料理する姿から大きな料理愛が伝わってくるのは、「やりたいことを大切にし続ける」という生き方そのものだと納得した次第です。

やりたくないことをなくすことは難しいかもしれません。ですが、やりたいことに対して何か一歩を踏み出したり、少しでも時間をとったりすることはできるはずです。

もし、やりたいことがすぐに分からない、見つからないというときは、「やりたくないこと」をはっきりさせてみてください。すると、その裏側にある「やりたいこと」が自然に見えてくるのではないでしょうか。

そして、やりたいことが見つかったら、それに自分の時間とエネルギーを可能な限り注いでみてください。Nさんのように思いがけない力が発動する可能性大ですよ。

ライフエネルギーポイント

やりたいことへ一歩を踏み出すことが、運を引き寄せる

●素直な想いを表現する

あなたはどれぐらい自分の素直な想いや気持ちを表現していますか？　自分の本心を表現するのは苦手という人は、案外多いのではないでしょうか？

しかし、自分の素直な想いを表現し、発信し続けることが、運を引き寄せ、人生の道をひらいていくエネルギーを創り出します。

そのことを体現した女性クライアントUさんの事例をご紹介しましょう。

あるときUさんは友人から、「体験レッスンに行ってみたいんだけど、一緒に行ってみない？」と誘われて、ダンスの体験レッスンに参加しました。それが彼女のライフワークの始まりになったのです。

付き合いで体験したダンスでしたが、Uさんはすぐさまそのダンスに魅せられました。誘ってくれた友人は続かなかったということなので、もしかしたらUさんとダンスをつなぐご縁のお役目を持っていたのかもしれません。

ダンスに夢中になったUさんは、ダンサーとしてメキメキと頭角を現しました。トップの方からも認められて、舞踊団を経てクラスを任される講師にも抜擢されます。

しばらくすると、そんなUさんの中に、「このダンスの世界をもっと知りたい、深めたい、もっともっと踊りたい」といった想いが芽生えてきました。

Uさんは一言で言うと、無邪気な情熱派。想いが湧いてくると周りに熱く語り、自分のビジョンを表現せずにはいられません。家族や生徒さん、友人、そして私にも「自分のスタジオを持てたらこんなことをしたい、あんなことをしたい」と、いつも熱くキラキラしながら語っていました。

そんなUさんですが、ただ一つ冴えない表情になることがありました。「夢はどんどん広がるけれど、色々なしがらみや、経済的な問題もあるので、この夢はただの夢物語ですよね」。そう、Uさんには今の場所で続ける限界を感じ、そこにはお金という現実的な問題があったのです。

いつも自分の中のポジティブな部分もネガティブな部分も、飾らず素直に表現するUさんと接するたび、私は「なんとかUさんの夢が叶ってほしいな」という想いを強めていきました。おそらく私以外の人も同じことを感じていたでしょう。

やがて、Uさんによって引き出される様々な人の想いの束がエネルギーになり、「思いがけない力＝運」を引き寄せることになっていきました。

ある日のセッション時、喜びを抑えきれない表情で、

「先生、聞いてください!!　私、自分のスタジオを持てることになりました」

「どういうことですか？　何があって、いきなりそうなったのですか？」

と私が尋ねると、とある会社経営をされている社長から

「自分のスタジオを持ってみませんか？　先生の情熱に惹き寄せられました。そんな衝動が起きたのが自分でも不思議です。先生の夢を応援させてください」

と、まさかのサプライズなご提案があったのだとか。「そんなドラマのような展開が本当にあるなんて」と驚いてしまいました。

そうして開いた教室には、彼女の人柄とダンスへの情熱のエネルギーに魅せられて、たくさんの新規の生徒さんが集まりました。やがて地域で一、二を争う人気教室にまで発展し、今では発表会のために大きな劇場を貸し切りにして開催するほどになっています。

いかがですか。素直な想いを表現すると、運がひらいていくのです。それは人に直接伝えるだけでなく、夢や目標を紙に書いていつも見えるところに貼ったり、今の素直な気持ちを言葉にして綴ったり、綴ったものをブログやツイッターで発信したりすることでも構いません。

それがエネルギーとなって、人の心や流れを動かします。そして、時には神様をも動かして思いがけない力をもたらし、運となって奇跡を引き起こすのではないでしょうか（神様はコツコツやり続けている人を応援したくなるようです）。

ぜひあなたに合ったやり方で、自分の夢や目標、想いを表現することを始めてみてください。それを「やり続けること」でエネルギー貯金がたまり、いつか満期を迎える日（＝夢が実現する日）がやって来るはずです。

ライフエネルギーポイント

素直な想いを伝えることが人の心を動かし、運が運ばれてくる

●目に見えない人のつながりも大切にする

メディア関係でキャリアを積んでこられた女性クライアントHさんが紹介で来られたのは、4年前のことでした。これまで責任あるポジションで活躍されて、人間関係も良好だったのですが、数年前から突如流れが変わり、数々の逆風が吹いて、停滞感やストレスが増えたとのことでした。

私のところに来られたときは、新しい職域でベテラン派遣女性から陰湿なパワハラを受けたことが原因で、心身共にエネルギーが枯渇した状態でした。

現在のHさんは、当時をこう振り返られています。

「今になってみると、あの試練は平穏な生活に満足していた私にとって、必要なカンフル剤だったように思います。あれがあったからこそ、公私共に魂が決めた方向に歩みを進めることができたのですから」

もちろん、セッションを始めたばかりの頃は、そんなことなど知るよしもなく、ただただ疲弊されていました。


しかし、初回のセッションから、Hさんが人生の流れを大きく変える第一歩を踏み出したのを強く感じました。アプローチを筋肉反射テストでチェックすると、外部からのメッセージがあると出て、他界されたお祖母様からこのような言葉を受け取られたのです。

・女性としてもっと幸せになってね。そういう幸せもあるよ。
・本当に魂が望むことをやりなさい。

・あなたのインスピレーションを信じなさい。

3回目のセッションで受け取ったのも外部からのメッセージで、今度は他界されたお父様からのものでした。

・もうやるだけやったんだから、その仕事はもういいんじゃないの。

・来年夏ぐらいに大きな変化が訪れるから、その前提で準備してね。大丈夫。心配ないから。

このセッションの直前に、Hさんにはパートナーシップに関して心が折れそうになる出来事があり、もうパートナーシップを築くことは諦めかけていたそうです。そんな矢先のお父様からのメッセージでした。

その頃、Hさんのライフエネルギーレベルは80%を超えていました。派遣社員からのパワハラは相変わらず受けていましたが、以前ほどストレスを感じなくなっていました。

ほんの少し心のゆとりも生まれていたので、もう一度お父様の言うことも信じて動いてみようと思えたそうです。

そこでHさんは、これまでと違うことをしてみることにしました。まず友人に、結婚を前提にお付き合いができそうな男性を紹介してくれるよう頼みました。同時に、以前から細々と続けていた、いつかはライフワークにしたいと思っている作詞のレッスンをスタートさせたのです。

そうしたところ、翌年の夏に心優しい男性と出会って電撃結婚をし、同じ年に、作詞家としてのデビューも果たすという幸運に恵まれました。それから2年後の2022年、ずっと大好きだった歌手の、映画に使われる歌の作詞を依頼されたそうで、大喜びしていました。

Hさんはお父様とお祖母様という、Hさんにとって大切なおふたりのメッセージを受け取り、そのメッセージに沿って行動したことで、滞っていた運命の流れが一気に動き出したのです。こんな風に、速いスピードで不思議なぐらいスムーズに流れていくことは、決して奇跡的なことではありません。私は、自然の摂理の一つだと捉えています。

よく「人は死んだら終わり」と言う人がいますが、本当にそうでしょうか。目には見えない存在であっても心のつながりを大切にしていると、終わりどころか、思いがけない力で人生を動かしてくれる頼もしいサポーターになってくれるのではないかと思います。

あなたにも今でも自分を愛してくれていると思える人がいるなら、その人のことを思い浮かべ、心の中で会話する感じでつながってみてください。

そしてHさんのように、人生を動かす大切なメッセージと導きを受け取れたと感じたら、一度、素直に心を委ねてみてください。

まだ周りに他界した人はいないという方は、ご先祖様とつながっていることを意識するだけでも構いません。思いがけないギフトが待っているかもしれませんよ。

ライフエネルギーポイント

目に見えない応援団は、必要なご縁と導きの運をもたらす

●与えたエネルギーは受け取るときがやって来る

あなたは「エネルギー不変の法則」という言葉を聞いたことがありますか?

スピリチュアル分野に関心がある人は、よく耳にする言葉ではないでしょうか。

エネルギー不変の法則とは、「エネルギーは常に一定の調和を保つように自動的にコントロールされている」というもの。

それはすなわち、**「エネルギーは与えると必ず受け取ることができる」**ということです。


ここでポイントになるのが、「受け取るエネルギー」には2種類が存在するということです。

・与えたエネルギーの相手から直接受け取るエネルギー
・与えたエネルギーの相手からではなく、思いがけず他の人々から受け取るエネルギー

前者は、自分が相手にした善の行為で、直接相手から感謝されたり、認められたり、賞

賛されるといった形で善を受け取ることです。

友人の誕生日に何かプレゼントをしたら、今度は自分の誕生日にプレゼントをもらえた、トラブルで困ったときに力になった友人が、今度は自分がトラブルで困ったときに力を貸してくれた、そんな体験です。

一方後者は、自分が相手に善の行為をしたことで、直接その相手からではなく、回り回って他の人から善を受け取ることです。

これがまさに「思いがけない力＝運」になるのです。

このことに気づいていない人が、意外に多いかもしれません。

なぜならば、自分が与えたもの（エネルギー）とは全く違う形で、思いもかけないタイミングと方向からやって来るからです。

例えば、

・財布を落としたときに、ダメ元で警察に行ったら、たまたま親切な人に拾われて届けてもらえていた
・自分が借りたい物件があって満室だったが、キャンセル待ちにしたら、翌日に空きが

発生して借りることができた

・楽しみにしていたイベントの日の天気予報が雨で、中止の覚悟をしていたのに開催時間中は晴れて、終わってから雨が降り出した

といったようなことです。

あなたもこうした「いや〜ツイてるわ」とか「守られているな」と感じた経験を、一度や二度はしているのではないでしょうか。このような思いがけない経験がたくさんある人に、共通していることがあります。それは「相手から直接返ってくるものがあるかないかは関係なく、自分のエネルギーを惜しみなく与えていること」です。

例えば、

・身内・他人に関係なく笑顔で挨拶をする
・自分の敷地以外の掃除やゴミ拾いをする
・バスや電車内で、身体の不自由な人に席を譲る
・他人と世界、地球の幸せを願い、祈る

といったことです。

運のいい人は、こうした一見、人目にはつかないけれど、人の幸せや喜びにつながるような行いが習慣になっています。この在り方が、運のいい人の「運のいい状態」が長く続く所以です。

そもそもは、見返りを求めず行っていることが多いのです。しかし、「エネルギー不変の法則」が自動的に働き、思いがけない人や方向から運というエネルギーとして受け取ることになるのです。これがまさに「思いがけない力＝運」です。

いかがですか。あなたができること、やってみようと思うことから始めてみませんか。

そのエネルギーの積み重ねによって、やがて思いがけない力と感動というギフトを受け取るときが、必ずやって来るでしょう。

ライフエネルギーポイント

惜しみなく愛を与えている人は、思いがけない人や方向から愛を受け取れる

●自分で運を創り出す魔法の言葉

ここまで読んでいただくと、あなたも自分次第で運を引き寄せられる、運のいい状態をつくり、運のいい人になれるかもしれない——という感覚が湧いてきたのではないでしょうか。

ここでは、運は引き寄せるものだけでなく、自分で創り出すこともできる、そんなお話をしていきたいと思います。それは、人生の中で起こることをどう受け取り、どう捉えるかで、そこにある運に気づくことができ、運が動き出す、ということです。

例えば、何かが思い通りにいかなかったとします。普通であれば「ツイてないな」と思ってしまいますね。ほとんどの人が望まないことが起こったときには、瞬間的に腹を立てたり、落ち込んだりし、その起こったことに対して感情が左右されてしまいます。

この現実が、強運の人が少ないといわれる理由でもあるわけです。

では、運のいい人、強運といわれる人はどうなのでしょう。思い通りに望んでいることが起こったときに喜ぶのはもちろんですが、そうではないことが起こったときに、多くの人とは違った視点で捉えています。

これは単純に、ポジティブ思考というお話ではありません。

私もいつも意識して使っている言葉があります。それは運の扉を開き、人生の流れをガラッと変えてしまう魔法の言葉です。

それは、**「すべてがうまくいっているとしたら――」という問いかけです。**

思い通りにいかなかったり、望まないことが起こったりすると、誰でも感情が揺れるものです。しかし、その後にこの言葉を問いかけるだけで、不思議と意識の視点や発想が変わり、新しいチャンスの扉が開くスイッチが入るのです。私も何度もこの言葉のおかげで、ピンチをチャンスに素早く切り替えることができました。

あなたにも、こんな体験はありませんか。

自分のお気に入りのお店を友達に紹介したくて一緒に行ったら、あいにくの臨時休業。

そこで「これは他にいい店があるということかも」と心を切り替えて歩いていたら、「おぉ、こんないい店がここにあったとはラッキーだね」という展開になった、というようなことです。私にも時々そんなことが起こり、毎回、一緒に行った人と盛り上がっています。

この「運を創り出すエネルギー」を意識的に活用していくと、思い通りにいくことも、いかないことも、どちらも楽しめる自分になれます。それが運のいい状態を続け、「運のいい自分づくり」へとつながっていくのです。

皆さんも思い通りにいかなかったとき、望まないことが起こったときに、ぜひこの魔法の言葉を投げかけてみてください。視点や発想が変わり、自ら運を創り出せる、運の扉が開いていくという体験ができると思います。

そして、気づいたら思い通り以上の体験をしていることでしょう。「思い通りいくよりよかったな」と心から喜べる瞬間を味わってみてくださいね。

何よりもこの体験を積み重ねることで受け取れる一番のギフトは、起こる出来事に一喜一憂しない心の安定と共に、人生に対する信頼が深まることです。

ライフエネルギーポイント

「すべてがうまくいっている」というフレーズが、魔法のように運を創り出す

●運気が引き寄せと現実化を加速する

いかがでしょうか？　あなたの中にも、運は自分次第で引き寄せられる、それだけでなく、創り出すこともできるという感覚が湧いてきたでしょうか。

しかし、それだけで終わってしまうと「仏造って魂入れず」になってしまいます。ここで一番大切な「魂部分」のお話をしたいと思います。

それは、**「運」は「運気」になって、運を引き寄せて現実化するエネルギーになる**ということです。

「運気」とは、まさに「運」に「気」、すなわちエネルギーがプラスされて成立します。

このエネルギーこそ、自分の内側のエネルギー、ライフエネルギーを指します。

例えて言うなら、運＝車、気＝ガソリンのイメージです。

あなたがたくさんの種類の車を持っていたとしても、ガソリンの量が少なかったり、質が悪かったりしたらどうなるでしょうか。せっかくドライブに出かけてもすぐに止まってしまったり、長持ちせず故障したりしますね。

つまり、たくさんの運が存在しても、自分のエネルギーが低かったり、心身の不調和があったりする（ライフエネルギーレベル50％以下になる）と、引き寄せる力が弱く、現実化に時間がかかりやすいということです。

また、マイナス思考にも陥りやすく、ついつい被害者意識を抱いてしまい、運を遠ざけやすくなってしまいます。

逆に自分のエネルギーが高く、心身の調和がある（ライフエネルギーレベル70％以上になる）と、引き寄せる力が強く、現実化する時間が速くなります。

そして何かネガティブなことがあっても、チャンスや運に変えていくプラス思考の捉え方ができて、気持ちの切り替えがしやすくなるのです。

事例でもご紹介しましたが、特にライフエネルギーレベル90％以上の方々の現実化の速さと、思いがけない運に恵まれる様子には毎回驚かされています。

いかがでしょう。運とエネルギーは、どちらも目に見えない存在ですが、切っても切り離せない密接な関係にあることが、お分かりいただけたのではないでしょうか。

あなたのこれからの人生においても、運を「ただの偶然」として捉えるのではなく、「必然的な偶然」と捉えてみてください。それによって、人生の可能性と醍醐味は、全く違うものになっていくことでしょう。

「思いがけない力＝運」をどんどん引き寄せて、たくさんの喜びと感動の瞬間を体験してくださいね。

あなたの運気が上がり、人生へのワクワク感がよりいっそう増していくことを、心より願っています。

ライフエネルギーポイント

「運＋ライフエネルギー」が現実化を加速する

☆運のエネルギーを整える5つのこと

1 人生にやりたいことをするスペースを持つ

あなたがやりたいと思いながら、行動や時間がとれていないことは何ですか？ やりたくないと分かっていても、それをすぐにやめることができないときは、往々にしてあります。

そこで大切なのは、人生にやりたいことをやるスペースを持つことです。それは、やりたいことをやる時間を少しでも確保する、できる一歩から踏み出してみる、ということ。自分のやりたいことに少しでも情熱のエネルギーを注げるようになると、運のエネルギーが高まります。

2 素直な想いを表現する

あなたが素直に感じている想いや願いがあれば、話しやすい人に伝えたり、その想いを言葉にして書いたり、それをブログやツイッターといったＳＮＳを使って発信したりしてみてください。

それがエネルギーとなって、思いがけない人からサポートをもらえたり、思いがけない流れや展開で実現したりする方向へと導かれていきます。

3　自分も気持ちよくなる徳を積む

道のゴミを拾うことや、他人や見知らぬ人への親切な行為や祈りは、人のためになり、自分自身も気持ちよくなる徳を積む行為です。

与えたエネルギーは、必ず受け取るときがやって来ます。それは思いがけないときに、思いがけない方向から訪れて、あなたが受け取ることになるのです。

4　「すべてはうまくいっている」という世界観を持つ

「望むこと」「望まないこと」どちらが起こったとしても、「すべてはうまくいっている」という世界観を持ってみてください。

特に「望まないこと」が起こると、誰でも気持ちが落ち込むものですが、そんなときこそ「すべてがうまくいっているとしたら――」と、自分に問いかけてみましょう。

それが、あなたの心や思考に変化をもたらし、思いがけない幸運の扉を開いてくれるはずです。

5　ライフエネルギーを高めて運気をアップする

運気の「気」はエネルギー、あなたの内側のライフエネルギーです。

ライフエネルギーが高まって心身が調和するほど、運を引き寄せる力が強く、現実化する時間が速くなります。

そして、何かネガティブなことがあっても、それをチャンスや運に変えていくプラス思考の捉え方ができて、気持ちの切り替えがしやすくなります。

特に運動はその言葉通り、運を動かします。運動の習慣を持つと、ライフエネルギーが高まるだけでなく、運を動かして自分に引き寄せる流れを創り出してくれるのです。

エピローグ

エネルギーを整えると人生はすべてうまくいく

人生の5大テーマである健康、衣食住、人間関係、仕事、運について、「エネルギー」という視点でお話ししてきましたが、いかがでしたでしょうか？

「エネルギー」と「人生」という2つの言葉の距離が、この本を手に取る前より近く感じられていたら、それはもう、あなたの内側にあるライフエネルギーが動き出し、エネルギーを活かす人生がスタートしている証です。

●人生のエネルギー循環を整える

ここまでお読みいただいた方はもう理解されていると思いますが、人生における各テーマは互いに影響し合っています。

これまで紹介した事例のように、「肩が痛い」というクライアントさんのテーマが、実は「自分のやりたい仕事」に一歩踏み出すということだったり……。身につけていた装飾品のエネルギーダウンを整えるだけで腰痛が劇的に改善したり……。目に見える不調や不具合というのは、ほんの入り口にすぎないということがよくあります。

「真の問題は何か？」——私がいつも大切にしている問いかけです。

健康の背景には、「人間関係」や「仕事」の影響があったり、仕事の背景には、「衣食住」や「人間関係」の影響があったり、人間関係の背景には、「健康」や「運」の影響があったりするのです。

こうした人生の各テーマをつないでいるのが「エネルギー」です。

目に見えないエネルギーが低下したり、乱れたりすると、必ず目に見える現象や形で現れてきます。

それは、身体の不調や心のネガティブ思考として。

それは、衣食住環境の乱れや不快感として。

それは、人間関係のギクシャクやトラブルとして。

それは、仕事の失敗や望まない結果として。

それは、運がない、なぜかうまく事が運ばない、という形で。

しかし、それらはただの降って湧いた不幸や不運ではなく、そこには——

身体や心の不調を通して、◯◯に気づいてほしい
衣食住環境の乱れを通して、◯◯に気づいてほしい
人間関係がうまくいかないことを通して、◯◯に気づいてほしい
仕事の失敗やトラブルを通して、◯◯に気づいてほしい
運が悪いと感じる出来事を通して、◯◯に気づいてほしい

という、あなたの心の底にある「想いのエネルギー」が潜んでいるのです。

人は、自分の「真の想い」に意外と気づきません。ですから、気づいてほしいという想いが強かったり、緊急性の高いことほど、エネルギーの乱れはより激しさを増します。身体や心、そして現実に、望まないネガティブな現象が強く現れてしまうのです。

だからこそ、大切なメッセージに気づき、必要な行動を起こせたときには、振り子が反対側に振り切る勢いで、ポジティブなエネルギーに変わります。そして、想像以上の嬉しいポジティブな結果となって現れてくるのです。

現象をバラバラの視点で見ているうちは、エネルギーが滞り、人生の流れも停滞します。

エネルギーのつながりと、そこに込められている想いに気づき、人生を「エネルギーの循環」として捉え、整えることができたときに、あなたの人生は大きく動き出します。その結果として、不思議と悩みが解決したり、望みが叶ったりしていく——。

「人生のエネルギー循環を整えると、すべてうまくいく」

これが本書の最後に皆さんに贈りたい言葉です。

●エネルギーを変容させる3ステップ

ネガティブなエネルギーがポジティブなエネルギーにつながっていると言っても、ピンと来ないかもしれません。そこで、あなたに一つの質問をします。

「今まで生きてきた中で、なかったことにしたい、記憶から消したいぐらいの出来事や体験は何でしょうか？」

あなたの人生の中で〝最悪〟と位置づけているものです。

それが見つかったら、次の３つのステップを試してみてください。これが本書での最後のワークです。

①その最悪に思っていることに対して、どんな感情があるかを書き出します。

（怒り、恨み、憎しみ、拒絶感、悲しみ、寂しさ、絶望感、嫉妬心、不信感 etc……）

②目を閉じて、対象の出来事や場面を思い浮かべながら、書き出した感情を感じてみましょう。

ありありと思い浮かべるのがつらい場合は、思い出す感じだけでもOKです。対象によって、最初はしんどく感じることもありますが、続けていると次第に心が落ち着いたり、穏やかになってきます。

③落ち着いたら、以下の「　　」に言葉を入れてみてください。（どちらかだけでもOK）

☆私はあの「　　　　　　（最悪の経験・思い）」をしたからこそ、

「　　　　　　」（を目指して）生きていきたい。

☆私はあの「　　　　　　（最悪の経験・思い）」をしたおかげで、

「　　　　　　」（という）自分になれた。

私で言えば、

私はあの「アトピーの経験」をしたからこそ、
「人がイキイキ健康になることに貢献して」生きていきたい。
私はあの「アトピーの経験」をしたおかげで、
「エネルギーの存在に気づく」自分になれた。

となります。

思えば、私にとってアトピーとの壮絶な闘いの日々は、いっそ死んでしまったほうがラクではないかと思うほどつらいものでした。しかし、あの経験があったからこそ、様々な心身の不調を抱えて、藁をもすがる思いで私の元を訪ねてこられるクライアントの皆さんの気持ちが分かります。

医師から見放され、自分でも治るはずがないと思っていた頃は何をやっても改善しなかった私のアトピーは、自分のエネルギーの振り子が大きく動いたことで、嘘のようなスピードで回復していきました。そんな経験があるからこそ、いまどんな病状のクライアントさんに対しても「不可能は可能になる」と信じて向き合うことができるのです。

当時の自分や、そんな私を何とか治してやりたいと奔走する母の姿を思い返すたびに、「あのときの自分のエネルギーをＬＥＣで整えてあげたい」という思いが湧いてきます。そしてそれは、いま本当のメッセージに気づけずに不調に苦しむ人たちに対して、エネルギーを整えるお手伝いをしたいという強い気持ちに結びついています。

私にとってアトピーに苦しんだ日々は、降って湧いた不幸ではなく、ギフトだったといま心の底から思います。人生最悪な出来事が、実は深い愛のメッセージにつながっていたのです。

●あなたが思っている以上に可能性はある

読者の皆さんの中には、いま最悪な出来事の真っただ中にいる方がいらっしゃるかもしれません。あるいは、過去の許せない人や出来事に、いまなお心を縛られ苦しんでおられる方がいるかもしれません。

しかしその現実は、あなたに気づいてほしいという、心の底からの強いメッセージなのだと見方を変えてみてください。その想いにつながることで、あなたのエネルギーは整い始め、人生の歯車が動き出します。

そして、あなたの健康と人生は、あなたが思っている以上に可能性はあると信じてください。

遺伝、性別、年齢、体質、環境、お金、時間、一般常識やデータetc……を理由に、自分の健康や人生は「これぐらいだろう」「ここまでだろう」と、自分で勝手に限界をつくっていませんか？　もしくは、「もう無理」「できない」とあきらめてしまっていませんか？

しかし、あなたの中にまだ自分が気づいていない可能性が必ずある。眠っているはずなのです。

「アトピーはもう一生治るわけがない」と可能性の扉を完全に閉じた私の心を、母は何度も何度も、もううんざりするぐらい叩き続けてくれました。そのおかげで私は、「もしかしたら治るかも……」という可能性のスペースを心につくることができたのです。

このスペースを少しでも心に持ち続けることで、人との出会いが変わり、入ってくる情報や知恵が変わり、自分の思考や発想が変わります。そして、最後には人生の流れが変わって、あなたが想像する以上に、人生の可能性が広がっていくのです。

そのための第一歩は、自分のエネルギーの乱れに気づき、心の底にある真のメッセージに気づくことです。

そんな小さな第一歩を、ぜひ踏み出してみてください。

そうしていまの私がそうであるように、「生まれてきてよかった」「毎日が幸せだ」と心から言える感動の人生を歩んでいただけたら、著者として最高の幸せです。

あとがき

最後までお読みいただきありがとうございました。

かつての私は自分がアトピーで苦しんだ経験から、西洋医学とは違うカイロプラクティックの理論に誇りを持っていました。しかしクライアントさんの多くは、施術してすぐは元気になられても、しばらくするとまた元に戻ってしまう……。

「結局自分がやっていることは、西洋医学と同じ対処療法をしているだけではないか」

この現実に気づいてからは、自分が理想とする施術を模索する日々が続きました。

しばらくして、ある日ルービックキューブの6面がピタッ！　っと揃ったようなひらめきがありました。

私の手技で治すのではなく、クライアントさん自身が不調の原因を知らせるメッセージに気づき、自分で治癒に向かっていく。私の役目は、そのエネルギーを整えるお手伝いをすることだ――。

私の目指す施術の理想であり、ライフエネルギーコーチング（LEC）の誕生でした。

それから私は日々クライアントさんに、こうお伝えしています。

「**〝自分が自分の主治医〟**になってくださいね」

医師や施術師に治してもらうだけの、受け身の医療だけではなく、クライアントさん自身が主役になり、自分の内側にある力＝ライフエネルギーを高めて、活かすために何ができるか、何が必要かを問い続けることが、真の健康づくりの大切な在り方になります。

「自分の内にある力を100％発揮して、豊かで幸せに生きること」

この生き方ができていたら、自然に元気に生きる人が増えて、病気に悩む人が少なくなる——。ひとりひとりがエネルギーを整えることで、自分が変わり、家庭が変わり、学校や職場が変わり、社会や国、そして地球全体が変わっていく——。

そのような幸せな波紋が広がることが、医療の常識が変わっていくのはもちろん、戦争のない愛と感謝に満ちあふれた世界を創り出すと信じています。

思えばこの本の出版が決まったのが2年前の4月でした。

伝えたい想いがあり過ぎて、自分の中の膨大なエネルギーを一冊の本にまとめることがここまで大変だとは思ってもいませんでした。

自分の中にある想いとエネルギーを整えることが、執筆のスタートでした。それがこうして一冊の本として形になったことを思うと、とても感慨深いものがあります。

先日、母とも親しかった、20年来のクライアントYさんに出版の話をお伝えした際に、

「お母さんが生きておられたら、とても喜んだやろうね。本当に一生懸命やったから。ちゃんと報告してお仏壇に飾ってあげてくださいね」

とおっしゃってくれました。

改めて母への感謝の想いが込み上げてきて、胸が熱くなりました。その瞬間、天国で笑顔で喜んでくれている母とつながれた気がしました。

母だけではなく、こんな素晴らしい世界に命を授けてくれて、たくさんの愛情エネル

ギーを注ぎ、育ててくれた両親。

こんな素晴らしいライフワークの学びと成長の場を与えていただいた師匠の文森重博先生。

こんな素晴らしいご縁をいただき、紆余曲折ある中で、いつもあたたかく寄り添い、サポートいただいたプロデューサーの平田静子さん、編集者の大串さん、実業之日本社さん。

こんな不思議で素晴らしいLECの世界をいつもご愛顧、応援をいただき、学び続けていただいているクライアント、受講生、サポートスタッフの皆さん。

こんな素晴らしい人生を共に歩み、いつもたくさんの愛と笑顔で和ませたり、時にはチャレンジする姿を見せて、心を支えてくれるパートナー、子ども、友人たち。

そしてこんな素晴らしい機会の扉を開いていただき、国内外で多忙にご活躍の中、最初から最後まであたたかい愛と引き締まる愛で、私の中にあるポテンシャルを最大限に引き出していただいたメンターのベストセラー作家・本田健さん。

お一人おひとりのお顔を浮かべていくと、たくさんの場面が走馬灯のように駆け巡りますが、この場をお借りして心より感謝を申し上げます。本当にありがとうございました。

「自分以上に自分のことを信じてくれる存在がいること」

人生の様々な節目に、このような存在がいて支えてもらえることは、何よりも大きなエネルギーになります。

この本を読み終えた皆さんが無限なる可能性の扉を開いて、想像以上にワクワクする未来に向かって大きな第一歩を踏み出せますように心より願っています。

この世界が最高の笑顔のエネルギーで満たされますように。心より祈りを込めて。

カイロプラクター・ライフエネルギーコーチ　三上隆之

解説

『エネルギーを整える。』をお読みになって、いかがでしたか?

私は、著者の三上さんのセッションを受け始めて10年以上になります。そのご縁で、この解説を書かせていただくことになりました。

三上さんは、カイロプラクターとして30年以上も実績がある方ですが、心理学にも造詣が深く、クライアントの身に起きていることを肉体的な部分だけでなく、深いところからも診てくれます。

私は、ラッキーなことに、10年以上ほぼ毎月三上さんとお会いして、エネルギーを整えていただきました。本書にはあまり施術やセッションのことは書かれていなかったので、クライアントとして、三上さんがどのようなことをされているのか、少しお話ししたいと思います。

自分のエネルギーのズレやゆがみは、自分の身体と心が知っていま す。具体的には、筋肉反射テストで調べていくのですが、それによって、過去のトラウマやちょっとした出来事が、現在進行形で起きている事象と重なっていることが分かります。

たとえば、今の胸の痛みは、30年以上前の父親や母親との会話に、その遠因があり、今の家族やクライアントとのやりとりがきっかけで浮上していています。わたしは、自分の身体や心のズレを修正することで、本来の自分のパワーを取り戻すというセッションをしていただきました。10年以上前の私は、まだまだ自信もなく、作家としても中途半端でした。毎月セッションを重ねるごとに、過去のトラウマが癒され、本当の自分で生きられるようになりました。今でも自信はあまりないのですが、それでも気にならなくなり、自由に自分を表現できるようになりました。

その結果が、夢だった世界的に活躍する作家、講演家としての人生が手に入ったのだと思います。

自分のエネルギーを整えるというのは、じっくり時間をかけてやるものです。自分の内面を整え、住環境、人間関係を整えていくことで、あなたの人生は確実に変わっていくと思います。

本書をきっかけに、あなたに素晴らしいことがいっぱいおきますように！

富士山が一望できる八ヶ岳の書斎にて

本田　健

【著者プロフィール】
三上隆之（みかみ・たかゆき）

カイロプラクター、ライフエネルギーコーチ

幼少より重度のアトピー性皮膚炎を患い、医者に見放されるも東洋医療、心理セミナーに出会い克服。その経験からカイロプラクティック、心理学、筋反射学などを融合したライフエネルギーコーチングを開発。施術歴は30年、延べセッション回は10万回を超える。京都オフィス、東京隠れ家サロンで提供している個人セッションには、ベストセラー作家、経営者、アスリート、医療従事者、会社員、学生、主婦など幅広い顧客が通っている。ライフエネルギーコーチの養成講座も開講し、すべての人が最高の健康と人生を創造できる世界をつくることをミッションとしている。

エネルギーを整《ととの》える。

2023年6月13日　初版第1刷発行
2024年2月1日　初版第3刷発行

著　者　三上隆之
発行者　岩野裕一
発行所　株式会社実業之日本社
〒107-0062 東京都港区南青山 6-6-22　emergence 2
【編集部】TEL.03-6809-0473
【販売部】TEL.03-6809-0495
実業之日本社のホームページ https://www.j-n.co.jp/
印刷・製本　大日本印刷株式会社

企画協力・解説　本田　健
出版プロデュース　平田　静子
装　丁　柿沼　みさと
本文デザイン　プールグラフィックス　鈴木　悦子
本文DTP　株式会社千秋社
イラスト　いとうみつる
編集協力　堀　容優子
校　正　山本　和之

ISBN978-4-408-65012-8（第二書籍）